供电企业社会责任管理工具丛书

U0662140

你用电·我用心

Your Power　Our Care

利益相关方沟通手册

国家电网公司　编

中国电力出版社
CHINA ELECTRIC POWER PRESS

序

习近平总书记在 2018 新年贺词中指出："2018 年，我们将迎来改革开放 40 周年。改革开放是当代中国发展进步的必由之路，是实现中国梦的必由之路。我们要以庆祝改革开放 40 周年为契机，逢山开路，遇水架桥，将改革进行到底。"改革开放 40 年来，中国企业取得了巨大的发展成就，许多企业具备了成为具有国际竞争力的世界一流企业的基础和条件。2017 年，在世界 500 强中，中国企业达到 115 家，已日益成为展示中国国家形象的新名片。与此相适应，随着我国企业影响力的不断扩大，中国企业社会责任发展也取得了巨大成就。

习近平总书记多次强调，"坚持经济效益和社会效益并重。一个企业既有经济责任、法律责任，也有社会责任、道德责任。企业做得越大，社会责任、道德责任就越大，公众对企业这方面的要求也就越高""只有富有爱心的财富才是真正有意义的财富，只有积极承担社会责任的企业才是最有竞争力和生命力的企业"。

在习近平新时代中国特色社会主义思想的引领下，在中国企业特别是中央企业的持续推动下，企业社会责任已在中国从无到有，从舶来品到真正植根于中国语境。2012 年底的中央经济工作会议明确提出要"强化大企业的社会责任"；十八届三中全会将"承担社会责任"作为深化国有企业改革的六项重点工作之一；十八届四中全会特别指出要"加强社会责任立法"；十八届五中全会提出"加强国家意识、法治意识、社会责任意识"。"十九大"做出了我国社会主要矛盾发生转化的重大判断，提出"推进诚信体系和志愿服务制度化，强化社会责任意识、规则意识、奉献意识"，我国已将企业社会责任上升为国家意志和国家战略。

自 2006 年以来的 13 年中，国家电网公司坚持理论与实践并重，率先发布我国首份企业社会责任报告，首个企业履行社会责任指南，首个企业绿色发展白皮书，首个企业价值白皮书，首套企业社会责任管理工具丛书；深度参与社会责任国际标准 ISO 26000、国家标准 GB/T 36000 和行业标准制定；率先成立能源行业首个企业公益基金会；社会责任案例进入哈佛、北大、清华等高校课堂。国家电网公司持续探索与完善社会责任工作体系，经历"导入起步（2006—2007）""试点探索（2008—2011）""全面试点（2012—2013）""根植深化（2014—2016）"四个阶段，进入"示范引领"阶段，推动全面社会责任管理根植于企业运营，推进社会责任模式创新和制度创新，在创新管理模式、综合价值实现模式和责任落实机制方面取得丰硕成果，为企业社会责任发展贡献了国家电网智慧和国家电网经验，引领了企业社会责任管理的发展方向。

供电企业作为提供公共产品与服务的基础产业，既是服务千家万户的可靠供电保障主体，也是关系国计民生的能源战略实施主体，同时还是公众高度关注的社会资源配置主体。供电企业的公共事业属性，决定了其肩负着重大的政治、经济与社会责任，必须秉承人民电业为人民的企业宗旨，坚持以客户为中心、专业专注、持续改善的核心价值观，做好电力先行官，架起党联系群众的连心桥，在服务党和国家工作大局、服务经济社会发展和人民美好生活中当排头、做表率。改革开放以来，我国供电企业一直积极履行社会责任，自觉追求社会综合价值最大化，不断推动社会责任融入企业日常经营与管理，很好地发挥了引领和示范作用。同时，作为运营受到社会广泛监督，重大决策只有得到政府许可、社会认同、公众支持才能付诸实施的公用事业企业，供电企业最有意愿将社会责任理念融入日常的运营管理，也最迫切需要一套系统、实用的导入工具。

这套社会责任管理工具丛书，就是将国家电网公司历年来在企业社会责任管理方面的经验与实践，进行"将复杂的问题简单化""将具体内容逻辑化、结构化、图示化"的梳理，把社会责任理论与具体的产业、行业、企业业务有机地结合起来，根据不同的情景，提出不同的解决方案，并提供相应的管理工具，希望使读者能够在短时间内有效地理解、掌握和运用。我们相信，这套丛书对我国供电企业，甚至是所有企业全面了解、系统掌握和熟练应用社会责任理念、方法和工具，将起到重要的指导和借鉴作用，必将对我国企业社会责任理论与实践的发展起到重要的促进作用，对中国经济社会可持续发展和企业更好履行社会责任产生重要而深远的影响。

习近平新时代中国特色社会主义思想和党的"十九大"精神赋予了新时代企业社会责任的新使命，指明了新时代企业社会责任的新方向，明确了新时代企业社会责任的新任务。40年物换星移，40年春华秋实，今天，站在新的历史方位，中国企业社会责任的理论创新、制度建设、实践方法也必须进入新境界，必须从更高起点上系统谋划，整体推进。我们有信心，通过不懈努力和不断探索，与社会各方和全球伙伴一起，携手应对世界经济、社会、环境发展中的新挑战，共同构建人类命运共同体，努力促进全球可持续发展目标的实现。

国家电网公司董事长、党组书记

2018 年 6 月

前言

电能以光速传播，电力生产、输送和消费瞬间完成、实时平衡，这就决定了电力系统具有高度的整体性和协调性特征，且其稳定高效运行，需要电力系统每一个环节的相互信任、协调配合与通力合作。加强与利益相关方的沟通与合作、提高公众透明度，是增进企业与社会公众的相互信任、凝聚各方发展合力、打造良好的外部环境的重要基础。

供电企业是高度依存产业上下游企业的利益相关方合作型企业，供电企业的信息披露受到发改委、国资委及国家电力监管委员会等机构的监管。国家电力监管委员会主席办公会议通过《电力企业信息披露规定》，要求电力企业、电力调度交易机构披露有关电力建设、生产、经营、价格和服务等方面的信息，披露信息要遵循真实、及时、透明的原则。《关于进一步深化电力体制改革的若干意见（中发〔2015〕9号）文》中进一步对公开、透明、公众参与进行了规定。这就决定了供电企业无论从自身发展角度，还是从服从监管角度都必须加强与利益相关方的沟通和交流，提升企业透明度。

为了密切与利益相关方的关系，有效推进企业透明运营，指导供电企业开展利益相关方沟通，传递"信"的温暖、用沟通和信任凝聚力量，形成发展强劲合力，国家电网公司在总结经验的基础上，编制了《利益相关方沟通手册》（简称《手册》）。

《手册》以利益相关方理论、企业社会责任理论和沟通管理理论为指导，立足供电企业发展和运营的特点，在总结各供电企业优秀做法和成功经验基础上，对供电企业建立系统化、规范化、结构化、制度化的利益相关方沟通体系进行了探索。《手册》着重回答了"什么是利益相关方沟通""为什么要开展利益相关方沟通""如何实施利益相关方沟通""如何加强利益相关方沟通管理"等问题。

《手册》既是供电企业开展利益相关方沟通和加强利益相关方管理的指南，能够为供电企业相关部门实施利益相关方沟通提供指导，也是供电企业开展利益相关方沟通和加强利益相关方管理的工作规范，对供电企业相关部门实施利益相关方沟通提出了明确要求，同时还是供电企业开展全面社会责任管理的知识读本，为供电企业开展利益相关方沟通和加强利益相关方管理提供了方法。未来，国家电网公司将根据使用反馈和形势发展，不断完善《手册》，确保《手册》的适用性和与时俱进。

目录

沟通
体系建设

树立透明运营理念
构建"四化"沟通体系

● 系统化　● 规范化　● 结构化　● 制度化

沟通作用

加强利益相关方沟通是电网企业履行对利益相关方透明运营责任的重要内容，是赢得利益相关方支持电网企业发展的内在要求，是电网企业建设成为具有广泛社会影响、广受尊重的一流企业的重要途径，是电网企业全面优化电网建设和公司发展环境的关键举措。

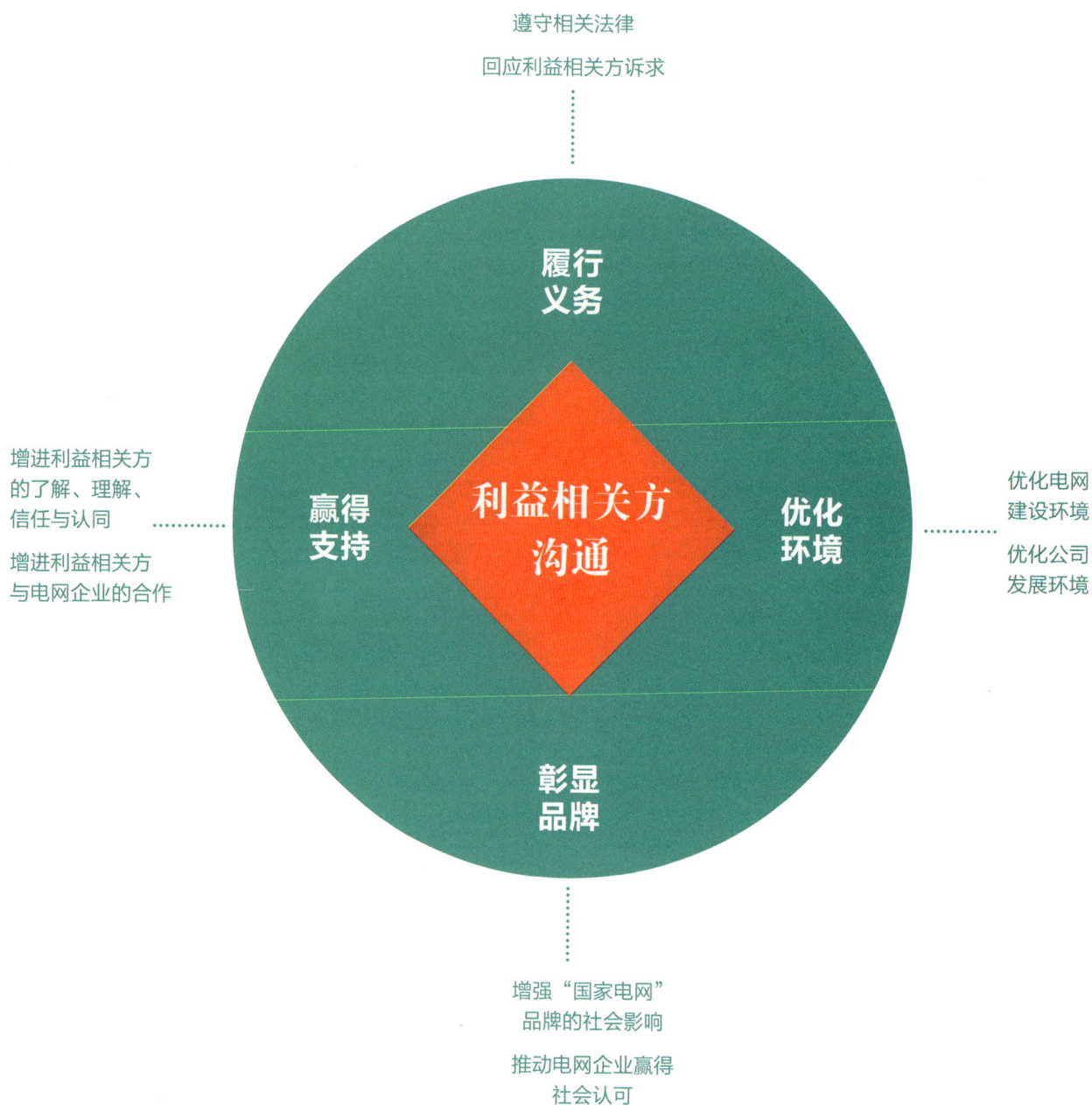

遵守相关法律

回应利益相关方诉求

履行
义务

增进利益相关方
的了解、理解、
信任与认同

增进利益相关方
与电网企业的合作

赢得
支持

利益相关方
沟通

优化
环境

优化电网
建设环境

优化公司
发展环境

彰显
品牌

增强"国家电网"
品牌的社会影响

推动电网企业赢得
社会认可

沟通框架

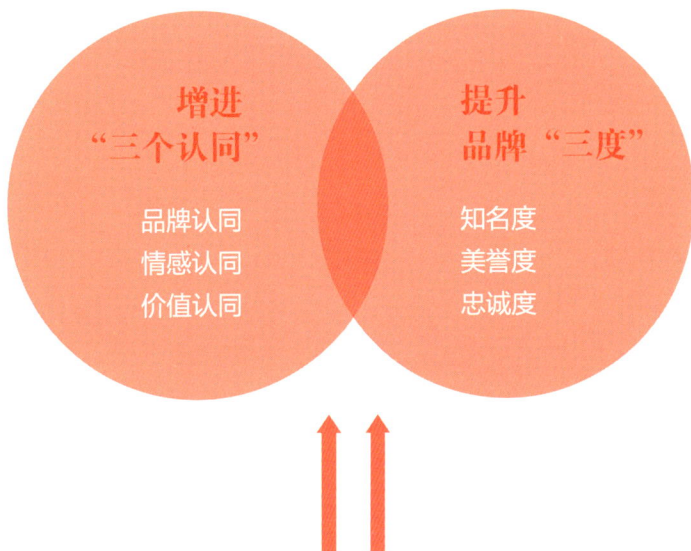

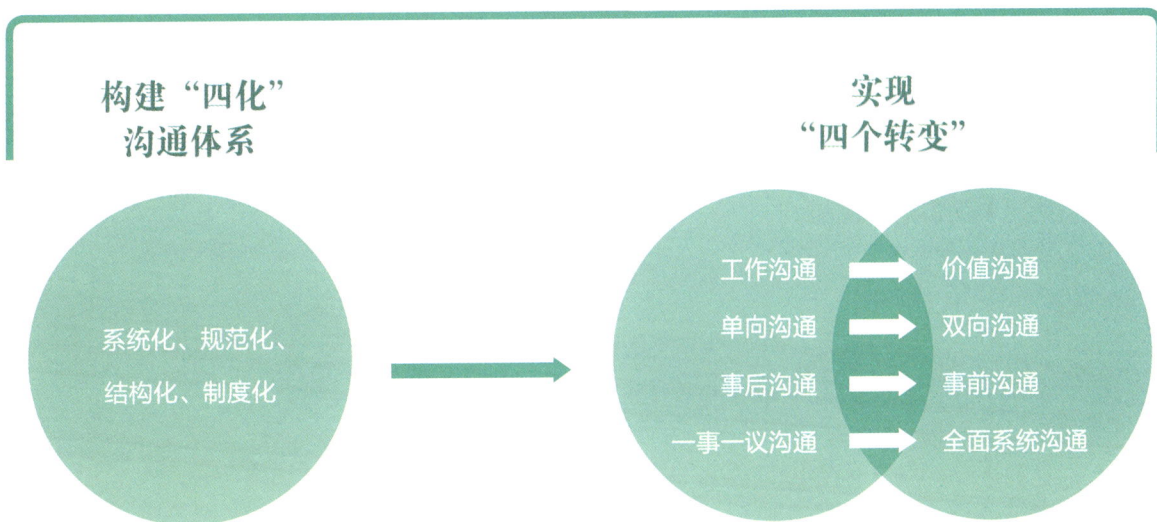

针对特定议题的沟通程序

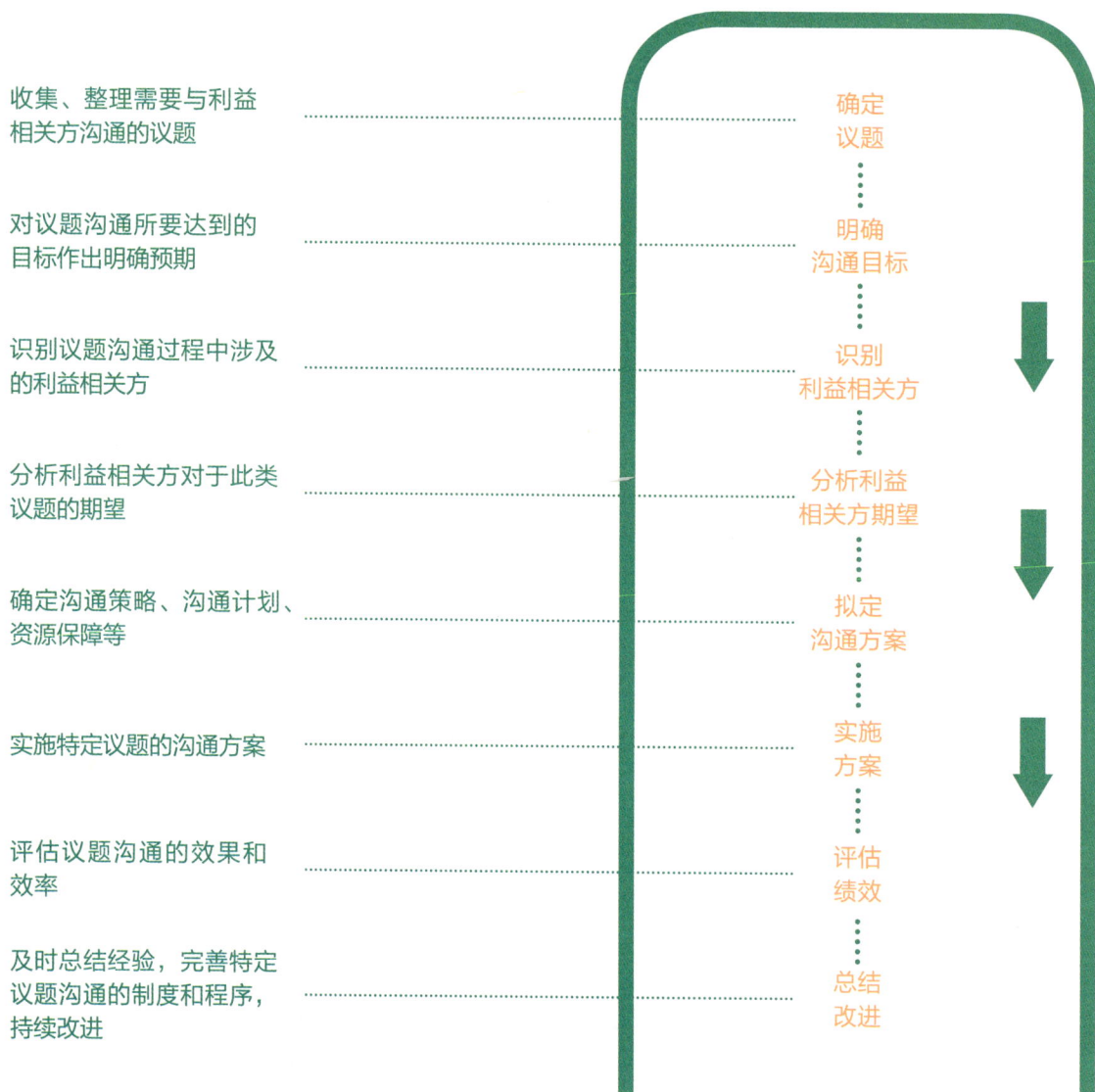

收集、整理需要与利益相关方沟通的议题 .... 确定议题

对议题沟通所要达到的目标作出明确预期 .... 明确沟通目标

识别议题沟通过程中涉及的利益相关方 .... 识别利益相关方

分析利益相关方对于此类议题的期望 .... 分析利益相关方期望

确定沟通策略、沟通计划、资源保障等 .... 拟定沟通方案

实施特定议题的沟通方案 .... 实施方案

评估议题沟通的效果和效率 .... 评估绩效

及时总结经验，完善特定议题沟通的制度和程序，持续改进 .... 总结改进

针对特定利益相关方的沟通程序

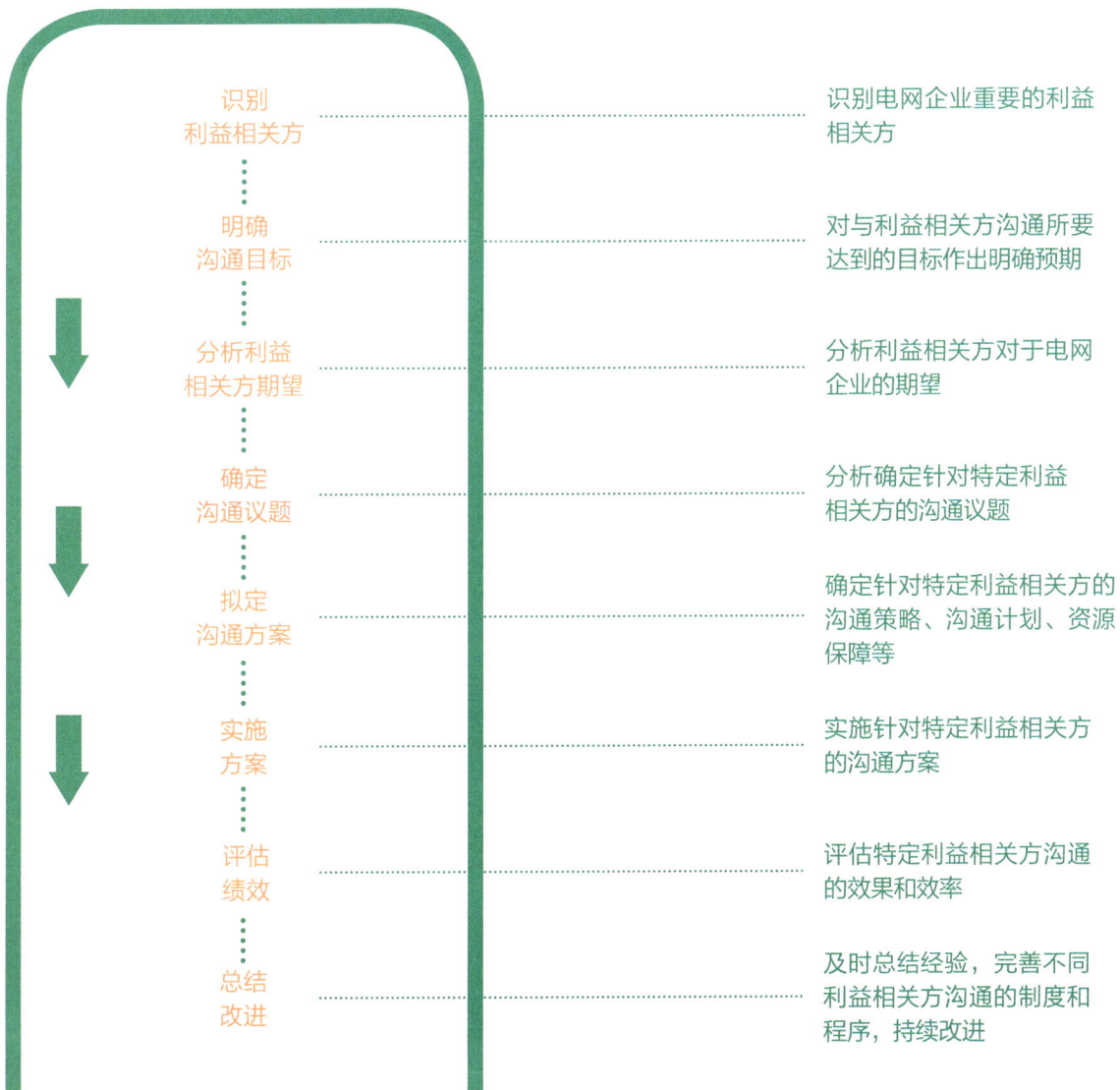

识别 利益相关方	识别电网企业重要的利益相关方
明确 沟通目标	对与利益相关方沟通所要达到的目标作出明确预期
分析利益 相关方期望	分析利益相关方对于电网企业的期望
确定 沟通议题	分析确定针对特定利益相关方的沟通议题
拟定 沟通方案	确定针对特定利益相关方的沟通策略、沟通计划、资源保障等
实施 方案	实施针对特定利益相关方的沟通方案
评估 绩效	评估特定利益相关方沟通的效果和效率
总结 改进	及时总结经验，完善不同利益相关方沟通的制度和程序，持续改进

不同性质议题的沟通程序

●　日常沟通管理　●

每年年底各部门编制下一年度的利益相关方沟通计划，包括利益相关方类别、沟通议题、沟通方式、沟通时间计划、沟通预期效果等

考核结果反馈到各部门，各部门制定沟通改进方案，并融入下一年度的利益相关方沟通计划编制中

由社会责任部门对各部门的年度沟通计划进行初审，并上报公司总经理办公会讨论，通过后下发到各部门

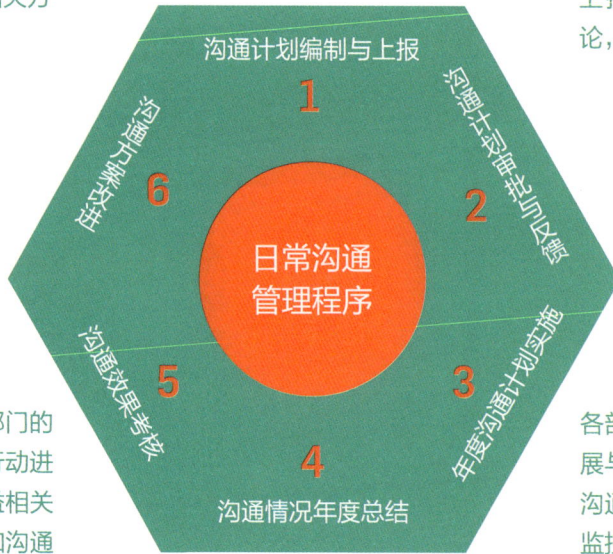

日常沟通管理程序

1　沟通计划编制与上报

2　沟通计划审查与反馈

3　年度沟通计划实施

4　沟通情况年度总结

5　沟通效果考核

6　存在问题下通沟

由社会责任部门对各部门的年度利益相关方沟通行动进行考核，包括年度利益相关方沟通计划完成情况和沟通效果的考核

各部门按照年度沟通计划开展与各类利益相关方的日常沟通，对计划实施进度进行监控

每年年底各部门对年度的利益相关方沟通情况进行总结，并与年度沟通计划进行比较，评估沟通效果

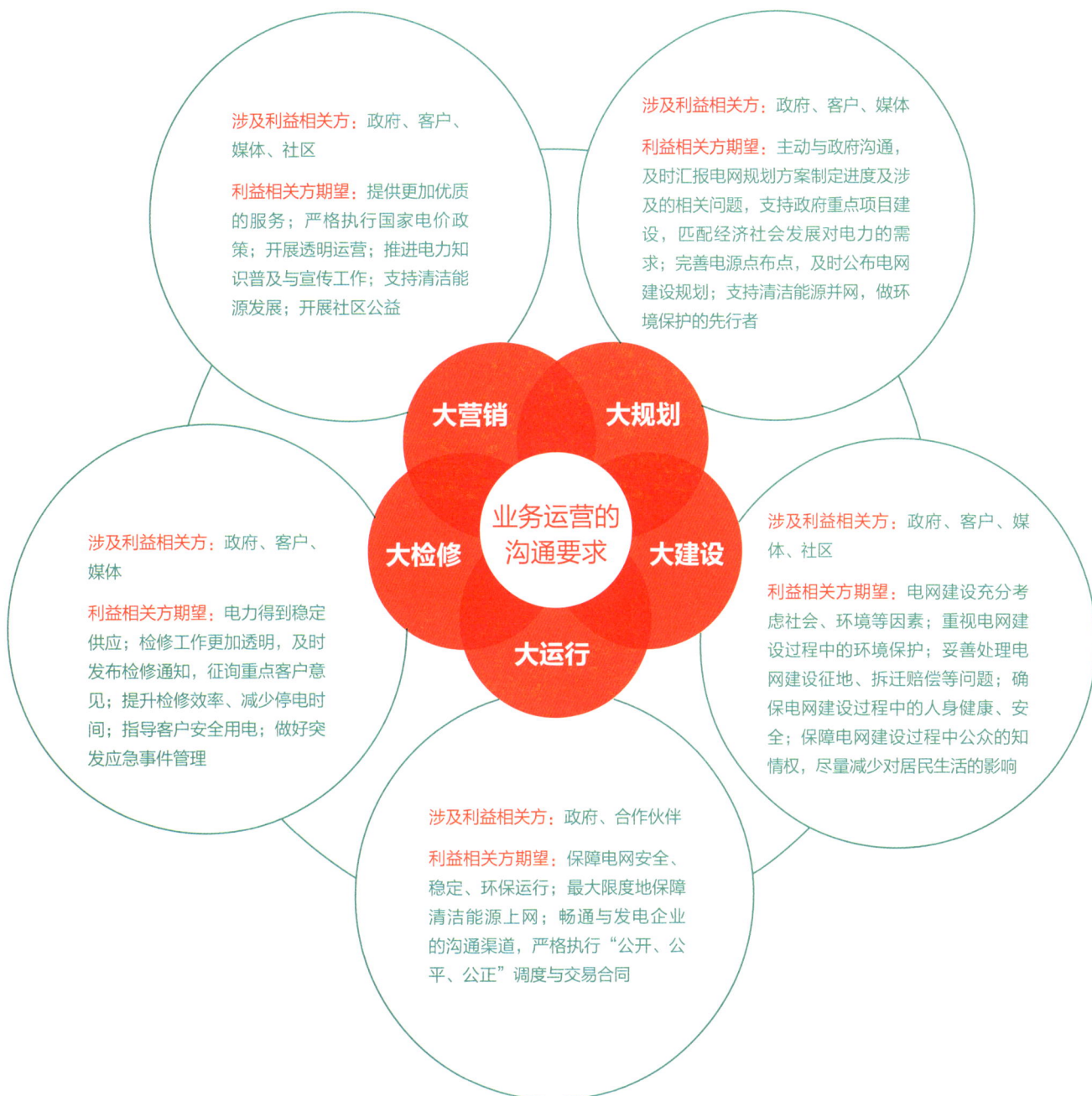

你用电·我用心
国家电网在您身边

涉及利益相关方：政府、客户、媒体、社区

利益相关方期望：提供更加优质的服务；严格执行国家电价政策；开展透明运营；推进电力知识普及与宣传工作；支持清洁能源发展；开展社区公益

涉及利益相关方：政府、客户、媒体

利益相关方期望：主动与政府沟通，及时汇报电网规划方案制定进度及涉及的相关问题，支持政府重点项目建设，匹配经济社会发展对电力的需求；完善电源点布点，及时公布电网建设规划；支持清洁能源并网，做环境保护的先行者

大营销　**大规划**

大检修　业务运营的沟通要求　**大建设**

大运行

涉及利益相关方：政府、客户、媒体

利益相关方期望：电力得到稳定供应；检修工作更加透明，及时发布检修通知，征询重点客户意见；提升检修效率、减少停电时间；指导客户安全用电；做好突发应急事件管理

涉及利益相关方：政府、客户、媒体、社区

利益相关方期望：电网建设充分考虑社会、环境等因素；重视电网建设过程中的环境保护；妥善处理电网建设征地、拆迁赔偿等问题；确保电网建设过程中的人身健康、安全；保障电网建设过程中公众的知情权，尽量减少对居民生活的影响

涉及利益相关方：政府、合作伙伴

利益相关方期望：保障电网安全、稳定、环保运行；最大限度地保障清洁能源上网；畅通与发电企业的沟通渠道，严格执行"公开、公平、公正"调度与交易合同

重点部门的沟通要求

办公室

沟通内容　重要公务活动的组织协调，影响企业稳定的群体性、突发性事件的协调处理，公共关系的维护、对外联络，社会责任和品牌建设

沟通对象　政府相关部门、客户、合作伙伴、公众、媒体等

发展策划部

沟通内容　落实电网规划与地方规划的衔接；将电网规划纳入地方发展规划，落实规划通道、站址等工作；组织办理各电压等级电网项目核准所需辖区内支持性文件；落实电网项目核准申请报告的上报和催批工作，审查和批复用户（含新建住宅供电工程）接入系统方案

沟通对象　政府主要领导、规划局、发展改革委、国土资源局、环境保护局、客户等

沟通目的	沟通对象	沟通方式
重要公务活动的组织协调	政府部门、客户、公众、合作伙伴、媒体等	提交申请材料、发布通知、组织座谈会等
突发性事件的协调处理	政府部门、重大客户、媒体、公众等	上报信息、组织座谈会、建立联合领导小组、电话沟通、短信沟通等
公共关系维护	政府、客户、公众、媒体等	组织座谈会、走访、电话沟通、组织联谊活动等
品牌建设	政府、客户、公众、媒体等	开展活动、发放宣传材料、走访、电话沟通等

沟通策略

沟通目的	沟通对象	沟通方式
了解政府的中长期发展规划及近期规划变动情况	规划局等	电话沟通、拜访等
了解政府最新的土地使用政策及电网规划可能占地的土地预留情况	国土资源局等	电话沟通、拜访、提交申请材料等
了解政府对电网规划的具体要求	发展改革委、规划局等	电话沟通、拜访等

沟通策略

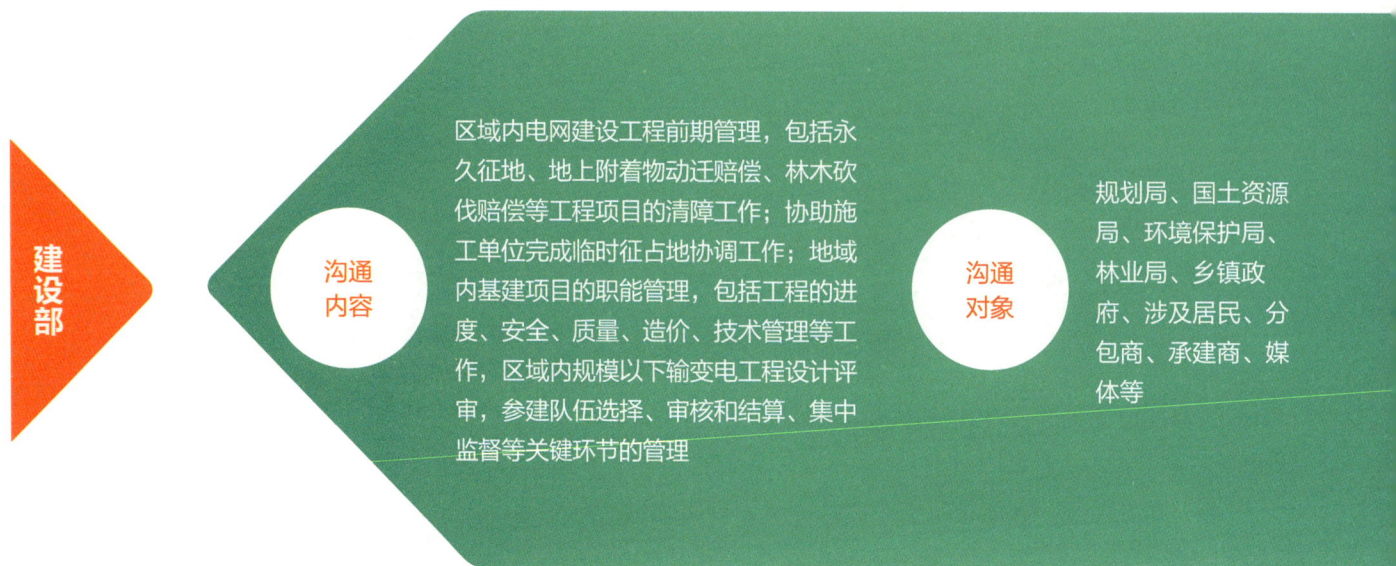

建设部

沟通内容

区域内电网建设工程前期管理，包括永久征地、地上附着物动迁赔偿、林木砍伐赔偿等工程项目的清障工作；协助施工单位完成临时征占地协调工作；地域内基建项目的职能管理，包括工程的进度、安全、质量、造价、技术管理等工作，区域内规模以下输变电工程设计评审，参建队伍选择、审核和结算、集中监督等关键环节的管理

沟通对象

规划局、国土资源局、环境保护局、林业局、乡镇政府、涉及居民、分包商、承建商、媒体等

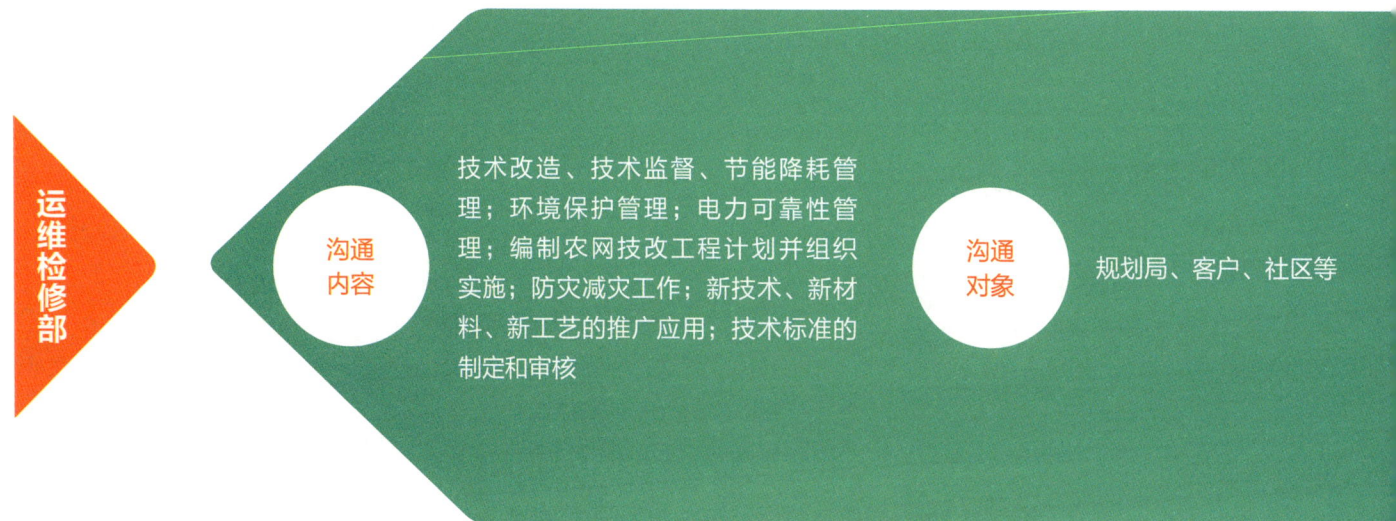

运维检修部

沟通内容

技术改造、技术监督、节能降耗管理；环境保护管理；电力可靠性管理；编制农网技改工程计划并组织实施；防灾减灾工作；新技术、新材料、新工艺的推广应用；技术标准的制定和审核

沟通对象

规划局、客户、社区等

	沟通目的	沟通对象	沟通方式
沟通策略	做好工程前期所需批件办理	规划局、国土资源局、环境保护局、林业局等	提交申请材料、电网建设领导小组会议、电话沟通、拜访等
	电网建设赔偿	政府、涉及居民、媒体等	提交申请材料、发放宣传材料、组织利益相关方座谈会、走访、电话沟通等
	电网建设临时征地协调	政府、涉及居民等	提交申请材料、发放宣传材料、组织利益相关方座谈会、电话沟通等
	基建项目管理	分包商、承建商等	发放安全施工宣传材料、进行施工检查、定期召开利益相关方会议、现场抽查等

	沟通目的	沟通对象	沟通方式
沟通策略	电网公司帮助客户进行设备检查，消除缺陷，确保不发生停电故障	客户	整改通知单、组织客户培训、协助客户完成设备巡视等
	电网公司按时完成用电设备迁移/改造，提高电压质量及供电可靠率	政府、居民	政策宣传、改造通知、组织利益相关方协调会等
	电网公司和客户快速完成故障维修任务，缩短停电时间	客户	95598解答、电话告知、上门解决等

电力调度控制中心

沟通内容： 管辖地域内部分电网、直接调度管辖部分电网和地域内非统调电厂；承担地域内部分变电设备运行集中监控、输变电设备状态在线监测与分析业务。配电网调度负责城区配电网调控运行；直接调度管辖城区内配电网络，负责城区内配电网自动化相关设备运行、集中监控业务

沟通对象： 省电力公司、政府、客户、发电企业等

营销部

沟通内容： 营销信息化和新技术推广应用；电费回收、市场开发、用电检查、电能计量、客户服务和营销稽查管理；反窃电工作；智能用电管理；农村供电所的建设管理；农村供电所外委业务的指导、监督、检查和考核；组织开展农村电气化及电力扶贫工作

沟通对象： 政府、客户等

沟通目的	沟通对象	沟通方式
根据检修、技改、基建、客户接入的停电需求，综合平衡、统筹安排，形成统一的停电计划	客户	现场办公会、电话联系、客户访谈等
进一步提高发电企业接入电网的安全性和可靠性	发电企业	人员培训、座谈会等
做好保供电工作	客户、发电企业	电话沟通等
配合做好"三公调度"工作	发电企业、政府、媒体	媒体宣传、现场办公、厂网联席会等

沟通策略

沟通目的	沟通对象	沟通方式
做好突发事件应急管理	政府、客户	电话沟通、到客户现场、95598信息发布等
做好用电安全检查与指导	政府、客户	定期检查、周期检查、专项检查、检查与宣传并举等
推动客户开展节能改造	客户	能效服务网络小组活动、节能宣传周等
开展国家电价政策宣传	政府、客户	政策宣传、电话沟通等
适时掌握各银行代收网点收取客户电费情况	银行	签署协议、现场调查等
用电知识宣传	用电客户、代售网点、媒体、社会公众	发放宣传单、开展供电宣传讲座、在社区内设置宣传板等

沟通策略

重大沟通管理

分析重大活动的性质和内容，明确利益相关方沟通对于达成重大活动目标的作用和意义，确定重大活动的沟通需求

根据沟通效果评估的结果，发现重大活动实施过程中沟通管理存在的问题及其原因，制定相应的改进计划，并予以实施，实现重大活动沟通管理的持续改进

1 明确沟通需求

5 改进沟通管理

重大沟通管理程序

2 制定沟通方案

评估沟通效果 **4**

实施沟通方案 **3**

在制定重大活动策划方案的同时，编制重大活动的沟通方案，包括利益相关方识别、利益相关方期望、沟通议题、沟通方式、沟通主体、沟通时间计划、沟通预期成效等

重大活动结束后，针对重大活动实施过程中的利益相关方沟通情况进行总结评估，包括沟通方案的执行情况评估、沟通效果评估以及沟通管理过程评估

按照制定的沟通方案，在重大活动的不同阶段依计划开展针对不同利益相关方的沟通活动，并监控沟通方案的执行情况

重大沟通方案设计

重大活动的沟通方案通常包括背景分析、指导思想、沟通目标、沟通议题、沟通对象、沟通主体、沟通方式、沟通时间和地点、沟通风险识别与应对、沟通效果评估计划十个部分内容。

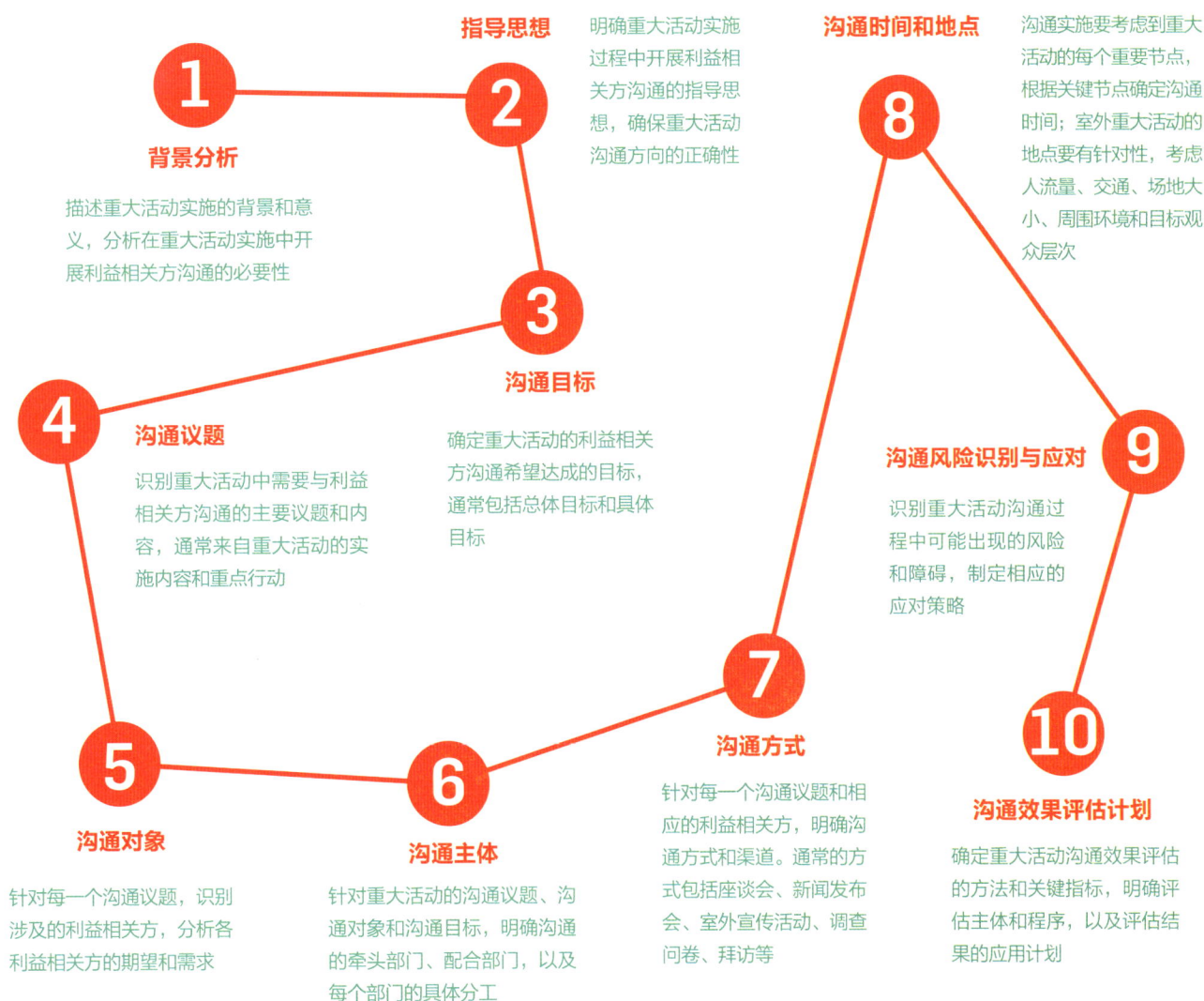

1

背景分析

描述重大活动实施的背景和意义，分析在重大活动实施中开展利益相关方沟通的必要性

指导思想

2

明确重大活动实施过程中开展利益相关方沟通的指导思想，确保重大活动沟通方向的正确性

3

沟通目标

确定重大活动的利益相关方沟通希望达成的目标，通常包括总体目标和具体目标

4

沟通议题

识别重大活动中需要与利益相关方沟通的主要议题和内容，通常来自重大活动的实施内容和重点行动

5

沟通对象

针对每一个沟通议题，识别涉及的利益相关方，分析各利益相关方的期望和需求

6

沟通主体

针对重大活动的沟通议题、沟通对象和沟通目标，明确沟通的牵头部门、配合部门，以及每个部门的具体分工

7

沟通方式

针对每一个沟通议题和相应的利益相关方，明确沟通方式和渠道。通常的方式包括座谈会、新闻发布会、室外宣传活动、调查问卷、拜访等

沟通时间和地点

8

沟通实施要考虑到重大活动的每个重要节点，根据关键节点确定沟通时间；室外重大活动的地点要有针对性，考虑人流量、交通、场地大小、周围环境和目标观众层次

沟通风险识别与应对

9

识别重大活动沟通过程中可能出现的风险和障碍，制定相应的应对策略

10

沟通效果评估计划

确定重大活动沟通效果评估的方法和关键指标，明确评估主体和程序，以及评估结果的应用计划

危机沟通管理

第一时间掌握一手情况，
稳控事态，做基层研判

评估危机沟通效果，对发
现的问题进行有效整改，
避免危机再次发生

以事实为依据，尽快做出
回应，表达对危机的关切
和解决问题的愿望

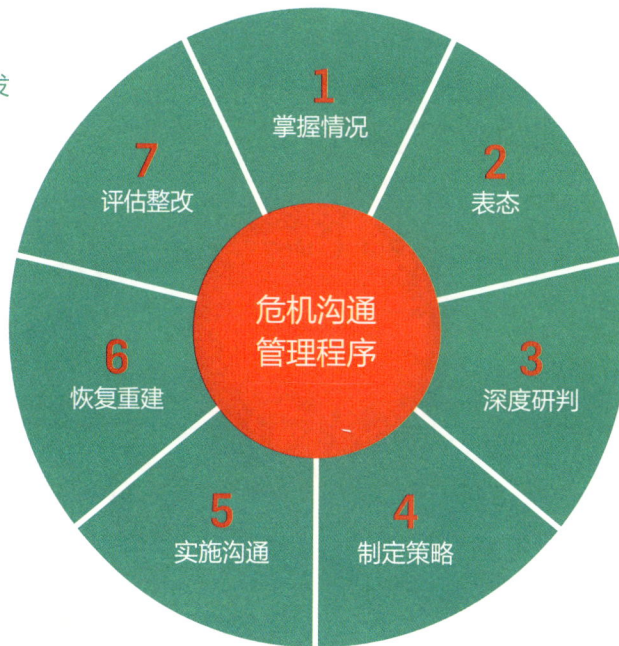

1 掌握情况

7 评估整改

2 表态

**危机沟通
管理程序**

通过利益补偿、兑现承诺
来彻底解决问题、恢复正
常秩序，重建信任

6 恢复重建

3 深度研判

对危机进行全面分析：
危机产生的原因是什
么？核心诉求是什么？
影响范围有多大？

5 实施沟通

4 制定策略

与利益相关方及时沟通，
包括配合政府行动、接受
媒体监督、团结伙伴、疏
导客户等

明确与不同利益相关方沟
通的目的，制定沟通策略
和方案

必须注意与第三方权威组织的沟通，积极主动配合政府部门或中介组织对事态的调查处理，争取他们的帮助与支持

危机发生后，电网企业应该在"黄金时间"内做回应，否则将难以达到良好的沟通效果

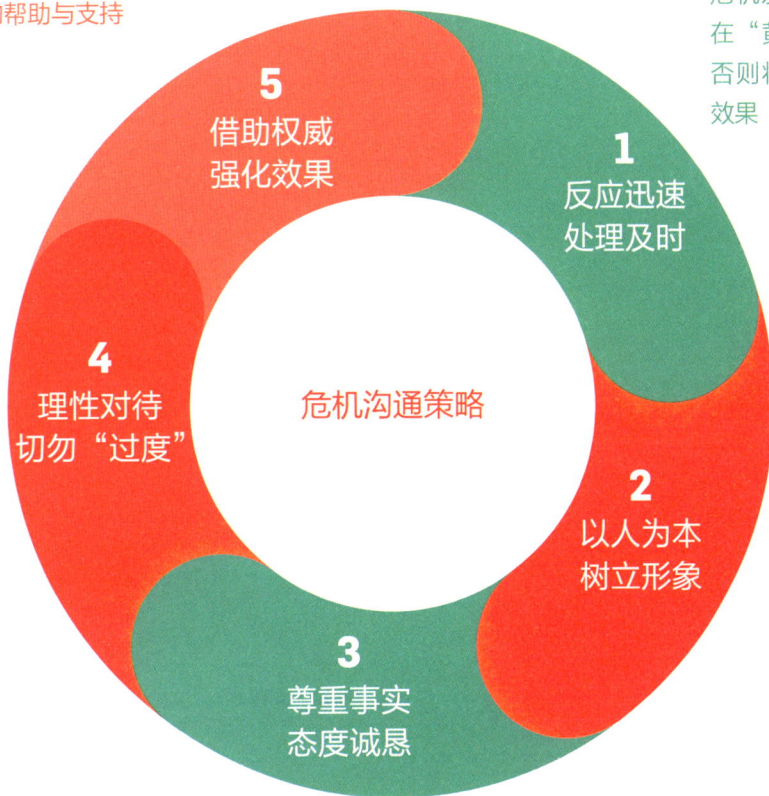

5 借助权威
强化效果

1 反应迅速
处理及时

危机沟通策略

适度采取冷处理方式，保持适度的官方辞令，该说的全都说。迅速地说，不该说的保持缄默。危机沟通切勿"过度"，包括反应勿过度、承诺勿过度、诚实勿过度

4 理性对待
切勿"过度"

2 以人为本
树立形象

坚持奉行客户利益至上的理念，在危机处理过程中以受害方利益为本，才更容易取得公众的理解和支持

3 尊重事实
态度诚恳

采取坦诚的态度，主动说明真相，千万不要遮遮掩掩、含糊其辞，甚至采取"鸵鸟"政策

突发事件沟通管理

突发事件
沟通介绍

突发事件
沟通的目的

突发事件
沟通的对象

突发事件
沟通的方式

最大限度地发布信息，满足利益相关方的知情需要，消除不确定性带来的恐慌

突发事件主要分为自然灾害、事故灾难、公共卫生事件、社会安全事件四类。它们的共同特点是：无法预知的突然性，人所共识的危险性，无法回避的高关注度，不可预测的不确定性。所以突发事件中的沟通对象是所有人，即意味着所有利益相关方不必进行沟通顺序的排位，需同时进行

为了以最高的效率实现同时与各利益相关方的有效沟通，突发事件中的沟通应以在大众传播媒介上发布信息为主，通常也称"新闻发布"

突发事件沟通管理程序

启动突发事件应急预案，马上组建专职工作团队，建立统一的信息采集和把关机制，统一甄别和加工处理各种信息，形成对外发布的统一口径，为新闻发言人提供团队支撑，联络媒体记者，并开展社会信息和公众议程监测

1

快速响应

在第一时间（通常为突发事件发生后20分钟内）对外发布信息后，开展连续的、频繁的、灵活的、多种渠道和形式的信息发布活动，发布活动必须持续到突发事件危险状态结束。前期必须保持较高发布频率，如以小时为单位或以天为单位进行发布，后期可相应降低频率

2 持续发布

内部共享

3

要在突发事件中保持内外部信息对称、组织内部上下信息一致、发布活动前后信息一致，必须建立突发事件信息共享池或对外答问口径库，确保组织内部每个人都能及时准确掌握信息

跟踪回应

4

为实现双向沟通和消除不确定性，突发事件中的信息发布必须及时回应社会关切问题，所以信息发布团队必须实时将采集到的公众关心议题和收到的媒体追踪问题汇总分析，制定回应口径，提供给下一次信息发布活动

总结评估

5

突发事件应急状态结束后，信息发布活动在总结性发布后也可停止。及时总结经验教训，评估突发事件中的沟通效果，有利于进一步完善应急预案和工作流程，激励先进和修补漏洞

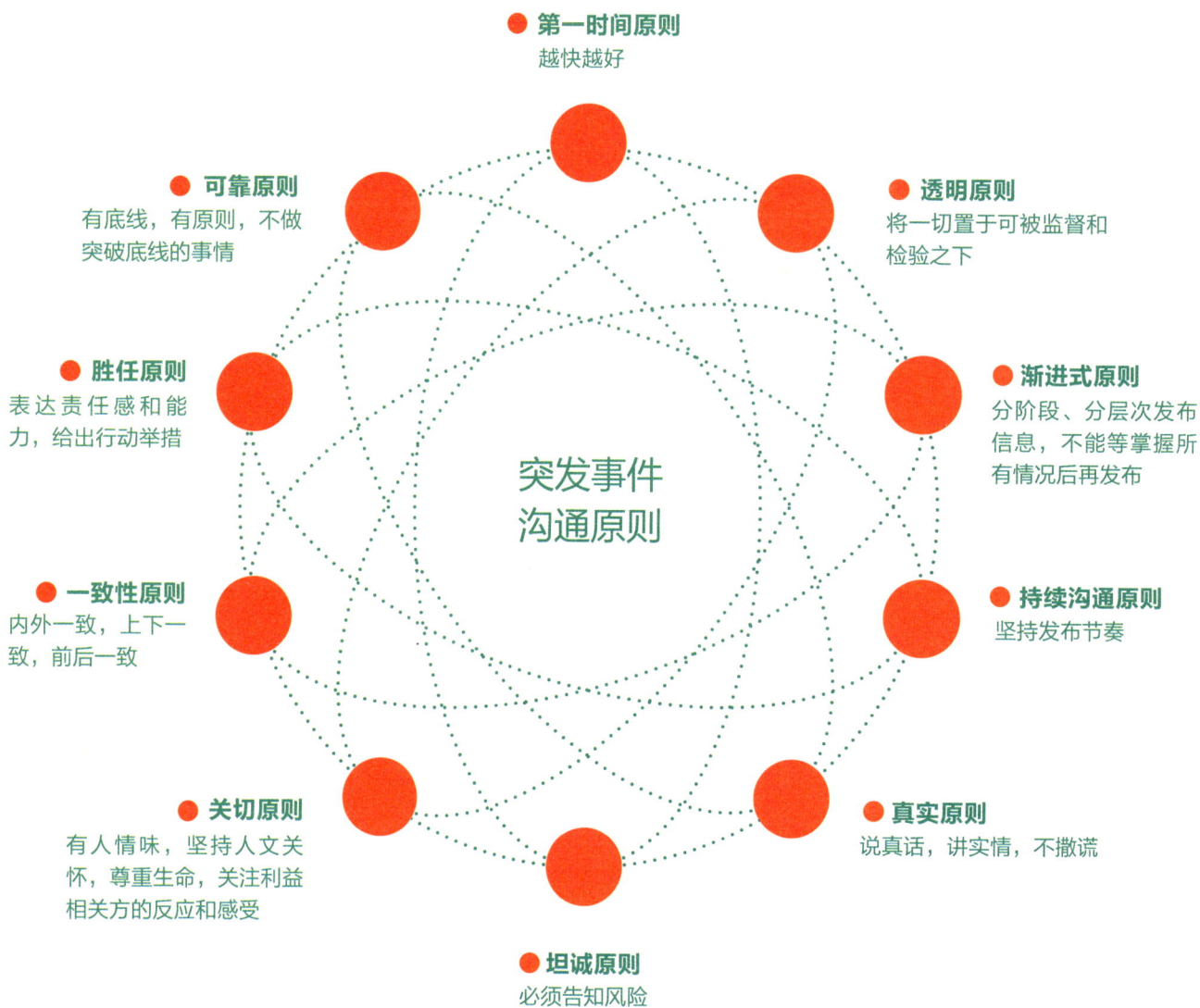

第一时间原则
越快越好

透明原则
将一切置于可被监督和检验之下

渐进式原则
分阶段、分层次发布信息，不能等掌握所有情况后再发布

持续沟通原则
坚持发布节奏

真实原则
说真话，讲实情，不撒谎

坦诚原则
必须告知风险

关切原则
有人情味，坚持人文关怀，尊重生命，关注利益相关方的反应和感受

一致性原则
内外一致，上下一致，前后一致

胜任原则
表达责任感和能力，给出行动举措

可靠原则
有底线，有原则，不做突破底线的事情

突发事件
沟通原则

沟通的有效性保障

● 沟通原则 ●

电网企业在与利益相关方沟通过程中，要切实坚持实质性、针对性等十项原则，保障沟通高效、顺畅进行

进行沟通时选取对于利益相关方具有实际价值和意义的议题进行沟通，并采取有效方式和方法保证沟通成效能够落实到电网企业的管理改进中去

实质性

传达给利益相关方的信息应在收集、记录、整理、分析等各个环节保障信息的质量和准确性，并能确保信息的可查性，使之可验证

可靠性

沟通什么

针对不同的利益相关方设计和选择不同的沟通方式，明确沟通主题和目标，保障沟通高效进行

针对性

沟通过程中坚持采取价值沟通方式，向利益相关方传递企业行为为社会、利益相关方创造的综合价值信息

价值性

与利益相关方沟通过程中，应该一口对外，统一口径，避免多头信息传递造成的误解

一致性

与利益相关方建立高效的信息双向传递机制，使得信息能够在沟通主体中有效快速传递

互动性

怎么沟通

以客观存在的事实为依据，客观地向利益相关方传达企业的相关信息，以便利益相关方根据自己的思考做出适当的决策

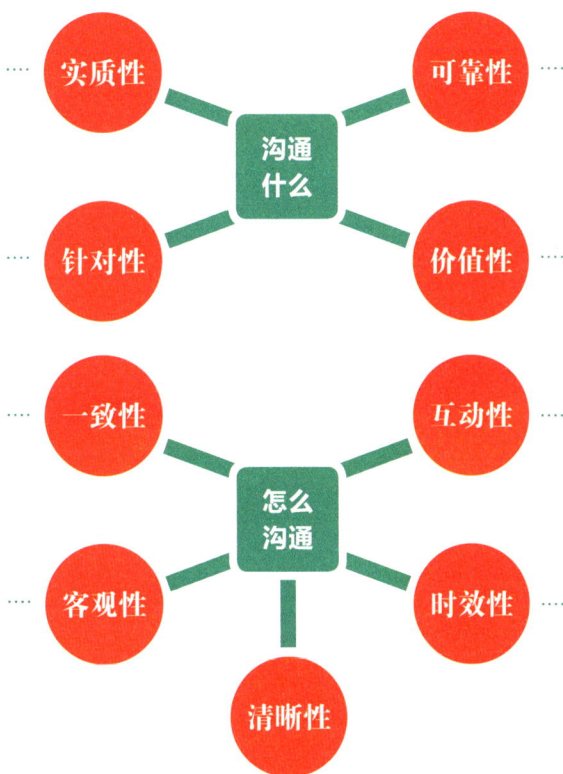

客观性

应采取定期和非定期的沟通形式，使利益相关方及时获取最新信息，以便利益相关方能够根据信息做出有效决策

时效性

清晰性

沟通时传达给利益相关方的信息应便于利益相关方理解，并且容易获取

沟通效果

改进性

针对利益相关方反馈的意见进行持续改进，并将改进方式、改进成效等及时传达给利益相关方

沟通中的四个精准保障

精准分析利益相关方和社会对于电网企业的利益诉求和关注点

通过结构化和规范化方式

精确确定利益相关方沟通内容

精准掌握利益相关方和社会大众的信息获取习惯和途径

通过系统化和针对性方式

精确确定利益相关方沟通方式与渠道

沟通中的四个精准保障

精准定位电网企业在利益相关方和全社会心目中的形象

通过"品牌责任化、责任品牌化"的方式

打造系列重大履责品牌事件，塑造和向利益相关方传播受到广泛认可的责任品牌

精准把握日常沟通、重大沟通、危机沟通等不同类型利益相关方沟通的基本规律

通过制度化和灵活性相结合的方式

精确构建不同的沟通体系

沟通工具

重要外部利益相关方识别工具

通过运用利益相关方的识别方法和"影响力—重要性矩阵",识别出电网企业的重要外部利益相关方包括:政府、客户、合作伙伴、媒体和社区。

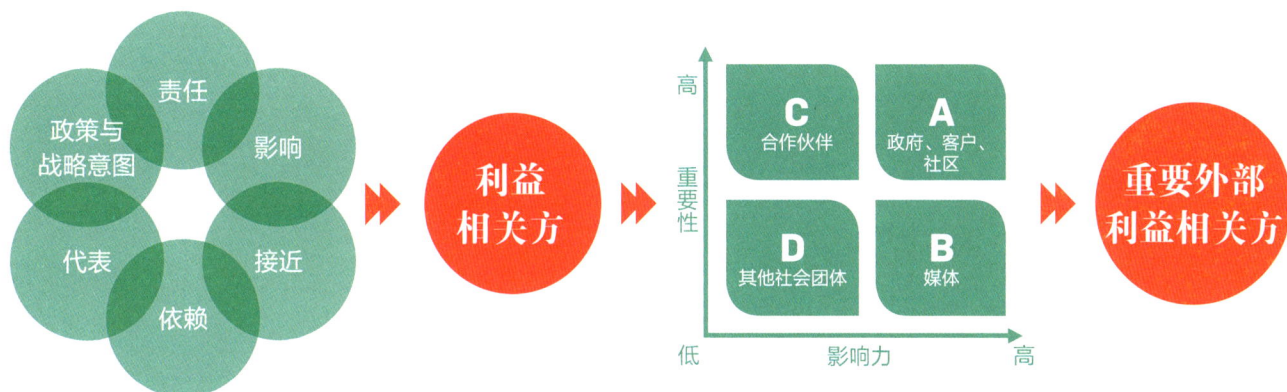

- **责任** 企业现在或将来可能对某利益相关方负有法律、经济等方面的责任。
- **影响** 能够影响企业目标的实现或影响其决策(如当地政府)。
- **接近** 与企业交往最多,维持长期关系以及组织日常运作所依赖的利益相关方。
- **依赖** 对企业有很强的依赖性。
- **代表** 根据规定、习俗或文化,能够合法地声明代表某一人群。
- **政策与战略意图** 直接或间接与组织的政策或价值战略相关,能够对企业新出现的问题或风险提供警告的个人或团体。

横轴为影响力维度,依据影响力的高低由左向右增加。纵轴为重要性维度,根据重要性的高低由下至上增强。其中,影响力是利益相关方影响企业经营活动的能力;重要性是企业需要优先满足利益相关方诉求的程度。

依据"影响力—重要性"两个维度,电网企业的外部利益相关方可以分为四类:A类(高—高)、B类(高—低)、C类(低—高)、D类(低—低)。政府、客户、社区属于A类外部利益相关方,合作伙伴属于B类外部利益相关方,媒体属于C类外部利益相关方,它们均是电网企业的重要外部利益相关方。

沟通议题确定工具

电网企业与外部利益相关方沟通议题的确定可以采取三个步骤：沟通议题收集、沟通议题初选、重点沟通议题确定。

01 沟通议题收集

沟通议题收集的方式包括：

- 管理层建议沟通议题
- 企业内外部专家分析提出沟通议题
- 向各电网企业收集沟通议题
- 企业主要部门提出沟通议题
- 向外部利益相关方收集沟通议题
- 对标社会责任标准中的沟通议题

02 沟通议题初选

沟通议题初选的标准包括：

- 对综合价值创造结果影响显著的议题
- 重要外部利益相关方高度关注的议题
- 社会普遍关注的议题
- 社会责任标准普遍强调的议题
- 企业重点沟通的电网企业特色议题

03 重点沟通议题确定

通过"价值创造—社会关注"二维矩阵确定重点沟通议题。

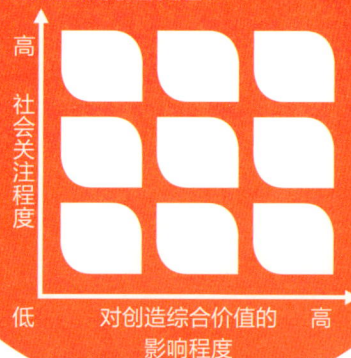

社会关注程度：高 / 低

对创造综合价值的影响程度：高

价值创造维度： 评估具体议题与综合价值创造的相关性、重要性和可行性（评估过程统筹考虑企业和外部利益相关方的资源、能力和优势）。

社会关注维度： 评估社会和外部利益相关方对具体议题的关注程度（评估过程充分考虑社会责任标准对议题的关注程度）。

沟通效果评估工具

电网企业应从沟通、合作和人员等三个方面对外部利益相关方沟通的效率和效果进行分析和评估，为掌握沟通绩效、改进电网企业与利益相关方沟通方式和方法提供参考和依据。

等级标准和评估结论（① 最低，⑤最高）

利益相关方沟通效果评估表

沟通

1. 沟通的过程是否顺畅?
   ① ② ③ ④ ⑤

2. 沟通的效率是否比以前更高?
   ① ② ③ ④ ⑤

3. 沟通的结果是否有利于工作开展?
   ① ② ③ ④ ⑤

4. 沟通的议题是否顺利得到了解决?
   ① ② ③ ④ ⑤

5. 议题涉及的相关方是否都表示满意?
   ① ② ③ ④ ⑤

合作

1. 与利益相关方之间是否建立了良好的合作?
   ① ② ③ ④ ⑤

2. 合作的方式是否更多元化?
   ① ② ③ ④ ⑤

3. 合作是否产生了良好的经济、社会和环境效益?
   ① ② ③ ④ ⑤

人员

1. 利益相关方和企业相关负责人的沟通技巧和专业性是否得到提高?
   ① ② ③ ④ ⑤

2. 沟通双方是否清楚地理解对方的利益诉求?
   ① ② ③ ④ ⑤

3. 沟通双方的人员是否建立了良好的关系?
   ① ② ③ ④ ⑤

沟通
实践

政府沟通

坚持与政府沟通
共促可持续发展

电网建设和电网企业发展离不开地方政府的强有力支持。电网企业应全面加强与地方政府的沟通交流，自觉接受政府监督，增进电网企业电网建设和运营的战略部署与地方政府对经济社会发展战略部署的协调一致，实现电网企业与地方经济社会的持续协调发展。

沟通目标

通过加强与地方政府的沟通，赢得地方政府对电网建设与电网企业发展的了解、理解、认同、信任、支持与合作，为电网企业可持续发展提供良好的外部环境，保证电网建设和运营的顺利推进。

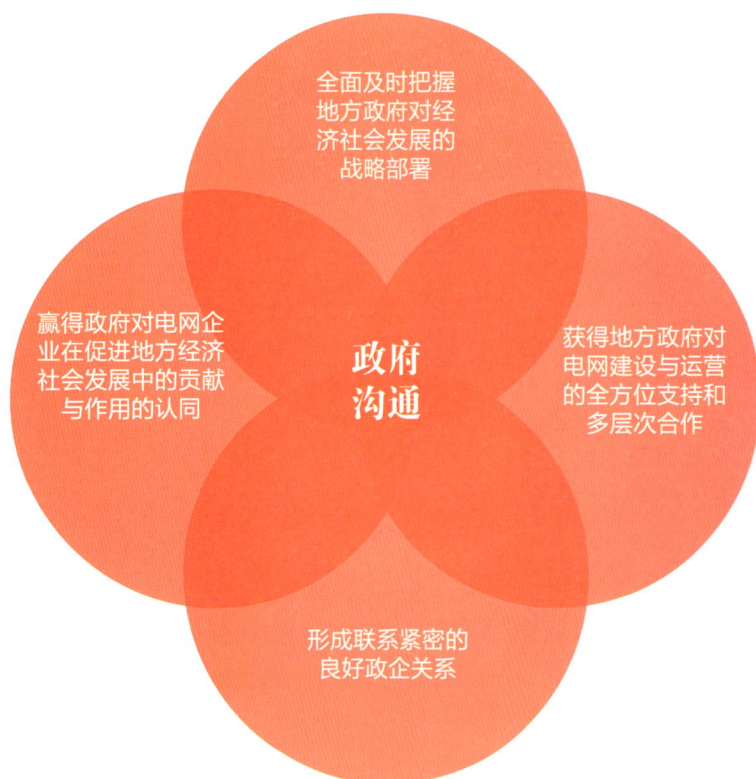

全面及时把握地方政府对经济社会发展的战略部署

赢得政府对电网企业在促进地方经济社会发展中的贡献与作用的认同

政府沟通

获得地方政府对电网建设与运营的全方位支持和多层次合作

形成联系紧密的良好政企关系

沟通内容

电网企业应通过多种适宜的方式，与地方政府重点开展四个方面的沟通交流：电网企业在地方经济社会发展中的角色与地位、电网建设与运营方面的议题、落实地方政府相关战略部署与行动任务的情况、电网企业的自愿企业公民行为。

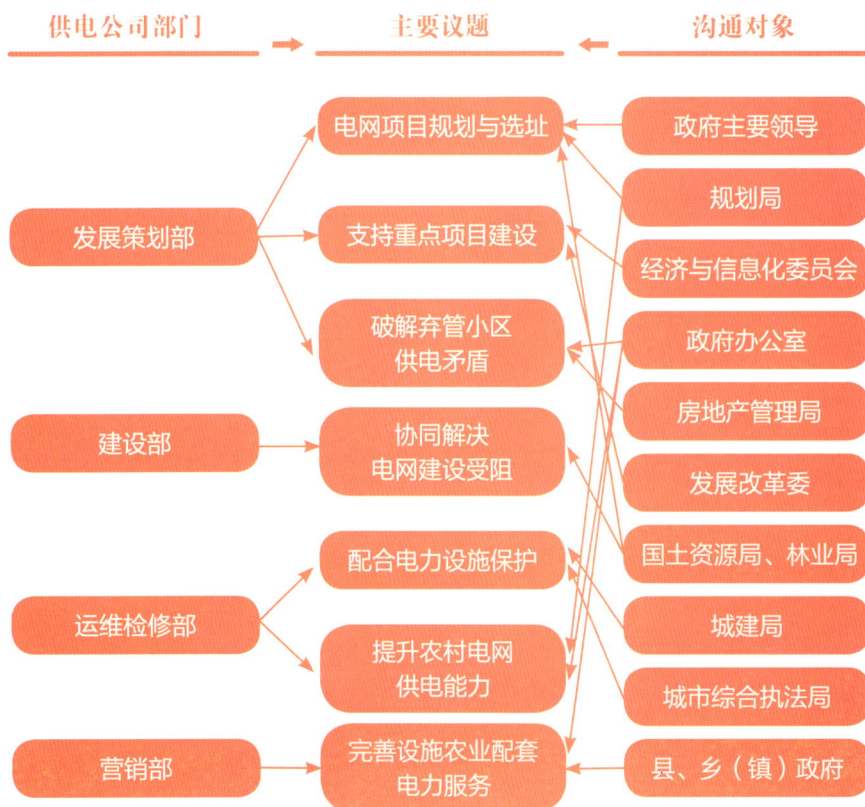

供电公司部门 →	主要议题	← 沟通对象
发展策划部	电网项目规划与选址	政府主要领导
	支持重点项目建设	规划局
	破解弃管小区供电矛盾	经济与信息化委员会
建设部	协同解决电网建设受阻	政府办公室
		房地产管理局
		发展改革委
运维检修部	配合电力设施保护	国土资源局、林业局
	提升农村电网供电能力	城建局
		城市综合执法局
营销部	完善设施农业配套电力服务	县、乡（镇）政府

沟通议题 1　电网项目规划与选址

沟通策略

工作阶段	沟通重点	沟通对象
电网规划准备阶段	了解政府发展规划及对电网建设的需求	政府主要领导、发展改革委等
电网规划编制阶段	结合前期信息搜集进行负荷预测分析；取得相关意向性协议	规划局、国土资源局、乡镇（街道）政府等
电网规划完善阶段	进行日常性沟通，征询政府等相关方意见	规划局等

沟通目标

了解政府要求及重点企业需求情况，规划得到有关部门的许可，并促进电网规划的顺利实施

沟通对象

政府主要领导、规划局、发展改革委、国土资源局

政府期望

电网企业能够积极参与、了解并支持政府的工作规划，以科学合理、适度超前的电网建设，保障经济发展对电力的需求

沟通部门

发展策划部

预期效果

让政府了解电网规划制定的整个过程，提高对电网规划重要性的认识，认可电网发展规划，促成电网规划纳入市政规划。

电网规划与选址的科学性得到提升，电网建设与地方经济社会发展的协调性得到提高。

政府为电网规划与选址提供全方位支持，电网规划实施的外部环境得到优化，电网规划得到顺利落实。

沟通方式	沟通对策
专题汇报、提交申请、提交工作方案、调研、走访等	电网企业在"两会"期间应主动提交电网发展建议或提案，并与政府相关部门建立沟通常态机制，如建立政府主要领导牵头的电网建设领导小组；电网企业应参与市政基础设施规划的制定过程，确保电网规划与其协调一致；与政府规划部门沟通政府在市政、产业、环境等方面的规划和对电力的需求
专题汇报、提交申请、调查走访、多方会谈等	电网企业在做电网项目可研时，应与政府规划部门密切沟通，可研报告需征求规划局意见，并取得规划项目涉及的相关乡镇（街道）的意向性协议；针对项目选址等问题应积极与国土资源局、乡镇（街道）政府进行沟通，取得相关意向性协议；存在冲突的问题时，应及时与政府规划部门、国土资源局等进行商讨解决
座谈会、专题汇报等	电网企业应与政府规划部门积极沟通，促成电网企业规划纳入市政规划；与政府规划部门建立联席会议制度，不定期召开面对面的对接会，沟通政府在市政、产业、环境等方面的规划调整和对电力需求的变化，获取在规划实施过程中可能面临的问题和风险的相关信息，为完善规划提供及时准确的信息支撑

案例 **国网重庆永川供电公司加强电网规划中的政府沟通**

案例背景：

重庆市经济社会高速发展，各地用电需求快速增长，电网投资压力、供电服务压力与日俱增。国网重庆永川供电公司为破解电网发展困局，提出了基于政企联动的电网建设新模式。

沟通对象： 市政府、区政府、规划局、国土资源局、发展改革委、经济与信息化委员会（简称经委会）等

牵头部门： 发展策划部

沟通实践

国网重庆永川供电公司与政府建立贯彻各层级的对等互动平台，向政府传递电网供电能力、发展动态和投资政策等信息。加强向区"四大"班子沟通汇报，以主动服务地方招商引资工作和统筹城乡发展为着力点，以政府迫切推进电源点建设和农网改造升级的内在需求为切入点，将电力规划和建设工作纳入政府工作平台，推动永川区政府出台《关于加强电网建设的考核办法》等支持政策，成立电网规划建设和农网改造升级领导小组，将电网建设纳入政府和各镇的年度考评。

沟通成效

通过与园区、政府、片区规划的多环节、多层次积极互动和有力对接形成了"长期规划，政府主导；近期规划，政企协商；建设条件，共同创造"的电网发展机制，最大程度争取到政府对电网规划的有力保护和支持。电网建设主体由供电企业转为政府；资金渠道转为政府主导，用电企业参与；建设协调转为政府主导，供电企业配合。

沟通议题 **2** 支持重点项目建设

沟通策略

工作阶段	沟通重点	沟通对象
了解地方经济发展规划及重点项目建设规划	了解政府经济发展规划，及时获取准确的重点项目建设信息	规划局、经信委、发展改革委
制定支持重点项目建设方案	取得项目涉及的相关意向性协议	发展改革委、经信委、国土资源局等
进行重点项目电网配套建设	建立信息交流机制、做好应急沟通	发展改革委、经信委等

沟通目标

适时掌握政府重点招商引资产业规划及当地投资较大的企业项目的计划，便于电网企业调整规划，满足重点项目电力配套建设，服务地方经济发展

沟通对象

政府主要领导、发展改革委、经信委、国土资源局

政府期望

电网企业能够积极参与、了解并支持政府的工作规划，以科学合理、适度超前的电网建设，保障经济发展对电力的需求

沟通部门

发展策划部

预期效果

适度超前获得准确的政府规划及重点项目建设信息，及时了解重点项目需求，科学开展重点项目的配套供电工程规划编制，实现与重点项目建设规划的紧密衔接。

重点项目配套电网建设方案得到有效实施，实现超前建设供电工程，顺利完成新增布点，保证为重点项目的建设提供安全、可靠、及时供电。

重点项目所在区域的配套输送电能力得到提升，电网企业对重点项目建设的电力配套保障能力得到增强。

沟通方式	沟通对策
提交申请材料、组织多方座谈会、调研等	促成建立电网建设领导小组等形式的常态沟通协调机制，获知政府对于经济发展和重点项目的建设规划，完善电网企业相关电网建设规划方案
提交申请材料、进行专项汇报等	保持与发展改革委、经信委等政府相关部门的定期沟通，了解政府对重大项目的电网建设需求，多方协调取得电网建设涉及的土地等相关意向性协议，完成相关许可文件的办理工作
提交汇报材料、组织专题汇报、电话沟通等	与发展改革委、经信委等政府部门建立协调会议制度及应急领导小组，针对重点项目建设不定期召开面对面的对接会，并定期组织文字材料上报政府部门，汇报电网配套建设进程及遇到的困难，共同商讨解决对策

案例　　国网宜昌供电公司联动政府建设港口岸电

案例背景：
湖北宜昌是长江沿岸著名的水电之都和旅游城市，境内港口码头众多，是长江中上游重要的物资集散地，日均停靠和待闸船舶800余艘。推广岸电工程存在着"三大难"，即接电难、缴费难、服务难。

沟通对象：
市政府、市环保部门、市港口航运管理部门、市海事局、市水运协会、码头运营方、船主等

牵头部门：
营销部

沟通实践
国网宜昌供电公司主动与政府相关部门对接，通过定期报送岸电专报，汇报项目进展及节能减排成效，推动发挥地方政府和航运主管部门的政策主导作用，优化岸电拓展环境；通过联合宜昌市港口航运管理部门、市海事局、市水运协会，共同组织召开岸电技术推广会，形成岸电推广合力。主动与政府有关政策对接，加强"岸电工程"推进与地方环保政策及大气污染防治行动接轨，通过沟通，《市人民政府办公室关于认真做好大气污染专项管控工作的通知》明确要求"推进港口、码头、趸船岸基供电系统建设，对停靠船舶提供岸电接入服务，严禁停靠船舶使用柴油机组发电"；《关于对宜昌市船舶污染管控方案的通知》明确要求"指导新建港口码头建立岸电供应系统，并将其作为竣工验收项目；加快三峡坝区沙湾、彬木溪、仙人桥、庙河4处抵坡待闸锚地建设研究，制定建设方案，加快组织实施"。主动与利益相关方需求对接，通过上门征求码头运营方和船主意见，加强岸电宣传，并不断改进工作方式，优化服务水平，获得码头运营方和船主的大力支持，参与度有效提升。

沟通成效
岸电技术的推广应用受到了地方政府、新闻媒体和广大客户的高度肯定。省委常委、宜昌市委书记黄楚平批示肯定了国网宜昌供电公司的"岸电"服务工作。多方共建岸电工程进展顺利。

沟通议题3 协同解决电网建设受阻

沟通策略

工作阶段	沟通重点	沟通对象
解决项目前期选址、选线难的问题	将电网规划纳入城市规划中	规划局、城市综合执法局、林业局、国土资源局
积极寻求政府支持	各级政府了解电网建设的意义和重要性	规划局、城建局、各级政府部门
政府主导解决电网建设受阻	全力协助政府依法行政，借助政府力量解决受阻问题	各级政府部门、公安局、法院

沟通目标

顺利解决电网建设受阻问题，确保工程施工正常进行

沟通对象

政府部门、规划局、国土资源局、林业局、公安局、法院

政府期望

电网建设避免引起群众纠纷事件，满足群众合法需求，适当解决电网建设受阻问题，保持社会稳定

沟通部门

建设部

预期效果

各级政府部门充分了解电网建设对当地经济、社会发展的重要意义，充分掌握电网建设过程中存在的障碍及难点，在解决电网建设受阻问题时政府能够将其当作自己的本职工作，由政府牵头解决电网建设受阻问题，大力支持电网建设项目。

电网企业解决电网建设受阻问题的能力得到提升，保障了电网建设项目能够顺利实施，相关项目赢得了政府的支持和肯定。

沟通方式	沟通对策
座谈会、上门走访、定期汇报	将电网规划纳入城市规划中，结合城市发展提出合理的电网建设需求，在进行城市规划的同时，预留变电站及线路走廊，解决以往电网建设开展前期工作阶段选址、选线难的问题
政策宣传、联席会议、走访等	定期宣传电网建设意义及国家赔偿标准，组织利益相关方联席会；了解相关方需求并宣传相关政策；将电网建设的价值和困难与政府部门进行真诚的沟通，借助电网建设领导小组等日常沟通机制，使双方对解决问题的立场和方向达成一致
专项汇报、联席会议、走访、电话沟通等	电网企业各级单位负责相应级别政府的沟通工作，由政府牵头解决电网建设受阻问题，以及电网建设征地、补偿的具体实施

案例　国网宁德供电公司"五统一"机制破解电网建设难题

案例背景：
在福建宁德经济快速发展的形势下，电网建设征地和青赔越来越难，涉及环节广，输电线路架设绕不开所谓"风水"的"庙宇""祖坟""龙脉"等。因沟通不畅而导致的群众阻工等问题，既严重影响工程进度，又易诱发不稳定因素，电网建设工作举步维艰。

沟通对象：
市（县）政府、市直公安林业等部门、社区、乡镇、村委会、属地农民

牵头部门：
发展策划部、建设部

沟通实践
国网宁德供电公司开展"统一青赔协商模式、统一政府机构支撑、统一赔偿补偿标准、统一对接责任机制、统一督察反馈管理"的"五统一"机制，将电力建设外围工作纳入政府工作体系，使各级各部门思想观念不断转变，从电网建设的配合、协调角色转变成主导者，从单项推进到与政府的责任共担、合作双赢。市政府层面建立领导小组，成员涵盖国土、公安、林业等市直有关部门及各县（市、区）政府主要负责人。县（市、区）层面建立属地电网建设领导小组，各乡镇视项目情况成立工作组，供电公司分级参与相关机构，负责有效对接沟通。由市政府分别与沿线各县（区）政府签订电网建设工作目标责任状，公司将电网建设征迁青赔责任由电网企业转交地方政府为责任主体统一协调，最后以"净地"的方式交付项目建设单位建设。市领导小组层面建立相关征迁青赔标准指标意见，各县领导小组制定具体执行标准，做到全市口径统一。

沟通成效
彻底扭转了电网建设外部协调艰难的被动局面，提升了电网企业与政府等之间的协同配合程度，减少了因职责不清造成的工作运转不顺畅情况的发生，形成了"政府主导、政企联动、责任共担、多方共赢"的电网建设新路子。

沟通议题 4　配合电力设施保护

沟通策略

工作阶段	沟通重点	沟通对象
电力设施保护宣传	增强借助政府平台进行电力设施保护宣传	各级政府
推动政府主动作为	深度介入电力设施保护工作	各级政府、经信委
联合执法	寻求政府支持，联合进行电力设施保护	政府相关领导、经信委、公安局等

沟通目标

提前做好电力设施保护防控，及时查处电力设施隐患和外力破坏事件，保障电网安全稳定运行

政府期望

保障可靠可信赖的电力供应，电力设施安全稳定运行，不发生重大安全生产事故

预期效果

政府重视电力设施保护工作，积极参与或主导建立电力设施保护专项协调机制，对电力设施保护工作给予足够的支持。

电网企业电力设施保护工作能力得到提升，电力设施破坏事件明显减少，保障电网实现长时间安全稳定运行。

政府及社会各界对于电网企业在电力设施保护工作中的努力给予足够的认可和支持。

沟通对象

经信委、城建局、国土资源局、林业局、城市综合执法局、公用事业局

沟通部门

运维检修部

沟通方式	沟通对策
发放宣传材料、组织宣传活动等	定期开展电力设施保护宣传活动，与政府联合深入社区宣传电力设施保护的法律知识和电力设施保护对于公众生产生活的重要性
上门拜访、专题汇报、座谈会	电网企业主要领导拜访市政府、经信委主要领导，汇报电力设施保护过程中存在的问题以及电力设施保护不足对于地方经济发展的危害等，推动相关部门成立专门机构，制定相关制度，专项治理危害电力设施的事件
专项汇报、联席会议、拜访、电话沟通等	及时向政府相关部门汇报电力设施保护中存在的问题及遇到的困难，推动召开由政府牵头、相关单位参与的电力设施保护工作会议，形成电力设施保护工作会议纪要或相关文件，使电力设施保护工作得到地方政府的政策支持、警力支持等

案例　国网乌鲁木齐供电公司共防事故保安全

案例背景：
新疆经济社会发展迅速，城市边界扩张、用电人口增长、基础设施建设步伐不断加快，给电力设施保护工作带来了更大挑战。同时因其社会环境特殊，在电力设施保护过程中必须保持高度的政治敏感性，充分考虑社会稳定问题，确保安全稳定供电。

沟通对象：
政府相关部门（经济与信息化委员会、公安局、建委、园林局）、社会治安力量（治安网格监督员、社区治安巡逻员）

牵头部门：
公安保卫部

沟通实践
国网乌鲁木齐供电公司积极推动构建由供电公司、政府各相关部门、社会治安力量共同参与防外力破坏电力设施的工作模式。
与政府相关部门充分沟通，推动政府牵头组建"乌鲁木齐市保护电力设施工作领导小组"，共同对供电设施保护区和治安网格化区域进行梳理和匹配。选取开发区作为试点区域，将已有的网格化治安监督力量和社区治安巡防力量纳入电力设施保护，配合政府对网格监督员开展"电力设施保护业务"培训，安排专业人员对试点区域网格监督员开展点对点的技能培训。通过乌鲁木齐供电公司的积极推动和专业支持，市政府将《乌鲁木齐市电力设施保护条例》纳入自治区立法工作，出台了《乌鲁木齐市保护电力设施工作考评办法》，并与各区政府签订《乌鲁木齐市保护电力设施工作目标责任书》，为工作提供制度保障。建立微信群组、热线电话等信息共享渠道，确保社会治安力量监控到电力设施外破隐患能够快速反馈，供电公司也可及时将保护区域的变更情况通知社会治安力量。

沟通成效
建立了涉电外破治理多方参与模式，强化外部联动机制，实现对电力设施风险的及时、有效、全面监控，有效预防涉电安全生产事故的发生，探索出新疆地区保护电力设施工作的新模式。

沟通议题5 提升农村电网供电能力

沟通策略

工作阶段	沟通重点	沟通对象
项目选址、路径规划阶段	选择合理路径进行电网建设	各级政府部门、规划局
项目施工阶段	确保项目施工顺利进行	各级政府部门
保障农业供电需求	电网建设符合相关农业发展需要	规划局、乡镇政府

沟通目标

圆满完成农网改造升级工作，提高农网供电质量，改善农网"卡脖子"和"低电压"问题

政府期望

支持农村经济发展用电，改善农网用电环境，配合建设美丽新农村

沟通对象

各级政府部门、规划局、乡镇政府

沟通部门

运维检修部、发展策划部

预期效果

农村电网规划与地方经济发展紧密结合，农网改造升级工作顺利进行，农网在保障农村地区经济社会稳步发展过程中发挥重要作用。

政府部门积极参与农网改造升级工程，理解并支持电网企业为农网改造升级工作所做的努力。

电网企业在政府等利益相关方中树立良好的负责任形象。

沟通方式	沟通对策
调研、走访、座谈会等	在农网改造升级设计阶段，做好勘察、走访工作，充分了解政府农村经济发展规划，做好农村电网升级改造规划，尽量减少跨大棚、民房、树林等路径设计
发布通告、组织座谈会、走访、调研等	定期召开沟通协调会、座谈会，建立属地化共建工作机制，通过各属地供电所联系、沟通各乡镇政府，以乡镇政府为连接点，与各村委会签署《农网改造共建协议》；完善信息披露机制，发布《工程施工公告书》，并及时向政府部门汇报农网改造升级的进度、问题及措施，听取政府意见，畅通信息交流渠道
调研走访、座谈会、专题汇报等	主动了解政府相关发展规划，完善农村电网发展规划；主动与各级政府沟通，了解不同地区农业发展重点，做好电网建设配套支持工作

案例　　**国网眉山供电公司强化政府沟通保障配电网建设**

案例背景：
四川省眉山市县域、乡域经济快速发展，城乡一体化进程不断加快，农村经济和产业结构也出现多元化发展，需要推动配电网建设方式创新，全面适应眉山地区县乡经济发展多元化的需要。

沟通对象：
县乡政府部门、规划局

牵头部门：
营销部

沟通实践
成立了以总经理为组长、分管领导为副组长的工作小组与相对应的政府及规划部门对接。理清工作流程和具体工作要求，形成与县乡两级政府自上而下联动的工作方式，通过定期召开农网规划协调会议，参加政府产业发展规划研究，实地调研产业发展现状等方法，加强政企联动、规划对接，定期与乡镇、县两级政府沟通农网规划及项目储备情况，将电网项目选址选线、征地拆迁等工作任务落实到属地县、乡镇两级政府，协调解决电网规划建设中存在的突出问题，形成"政府支持电网建设——电力企业保障电力需求——政府扩大招商引资规模——经济社会协调发展"的良性循环。

沟通成效
眉山市委书记、市政协主席等领导分别就供电公司农网规划建设等作出重要批示并表示感谢。多地乡镇政府与当地供电公司已完成了发展规划的对接。客户真实感受到了电压合格率、供电可靠率不断提升，在致富、生产等方面能源保障更加可靠可信赖，有效促进了眉山经济社会发展。

沟通议题 **6** 破解弃管小区供电矛盾

沟通策略

工作阶段	沟通重点	沟通对象
提升政府重视程度	弃管小区的现状以及存在的问题	各级政府、房产局等
开展弃管小区问题调研	摸清弃管小区存在问题，并理清责任边界	各级政府、经信委、人大
探索弃管小区问题解决方法	探索弃管小区供电矛盾解决之路	各级政府、经信委、人大
经验推广	彻底解决弃管小区供电矛盾问题	各级政府、经信委、人大

沟通目标
建立政府主导的问题协调解决模式，彻底解决物业弃管小区供电服务难题

沟通对象
各级政府部门、房地产管理局（简称房管局）、经信委

政府期望
做好弃管小区的供电服务工作，保证社会和谐稳定

沟通部门
发展策划部

预期效果
弃管小区的电力设施得到很好维护和及时抢修，提高居民用电质量，间接减少对电网的冲击，避免更大范围的区域性停电，从而大幅度减少经济损失。消除由于弃管小区供电设备故障而引发的社会矛盾和不稳定因素。

政府相关部门对于电网企业在解决弃管小区问题上的努力表示充分的认可和支持。

电网企业牢牢树立为政府分忧的负责任的品牌形象。

沟通方式	沟通对策
上门拜访、书面汇报、座谈会等	积极开展上门拜访、政府座谈会等工作，让政府相关部门明确弃管小区问题的危害，以及电网企业没有小区供电设施维护管理的权限等问题，引起政府的足够重视
电话沟通、走访、座谈会、媒体约稿等	在全市范围内开展调查摸底，摸清弃管小区电力设施现状；组织座谈会了解政府等利益相关方对弃管小区的态度；与政府开展联合调研，明确弃管小区形成原因
座谈会、走访、电话沟通等	畅通与各相关方的沟通渠道，邀请政府部门、开发商、社区、业主委员会共同参与解决弃管小区问题，理清责任边界，推动成立政府牵头的弃管小区问题工作领导小组，变"弃管"为"共管"
提交议案、组织座谈会等	加大弃管小区宣传力度，借助媒体、人大代表提案等多种平台向政府进行深度汇报，并搭建与百姓沟通平台，争取百姓理解和政府支持；做好政府的沟通工作，以政府为主导，强力推动弃管小区供电矛盾优秀解决办法的推广工作

案例 ## 国网重庆市电力公司政企联动解决弃管小区难题

案例背景：

弃管小区配电设施普遍存在供电容量不足、设备年久失修、故障频发等问题，在高温、严寒季节极易出现停电故障。由于产权归属问题，国网重庆市电力公司难以对不属于其资产的供配电设施及时组织维修，导致恢复供电时间较长，影响居民正常生活，不利于社会和谐稳定。

沟通对象：

各级政府、发展改革委

牵头部门：

发展策划部

沟通实践

国网重庆市电力公司联合政府摸清全市弃管小区并划分风险等级，对存在严重安全隐患的及时治理，推动弃管小区电力设施改造入选重庆市委、市政府集中力量办好事关群众切身利益的22项民生实事，明确提出3年完成全市1424个电力设施弃管小区改造。需改造资金约9.6亿元，由市、区县（自治县）两级政府财政和电力公司共同筹集解决，其中电力公司承担50%，市财政和各区县财政各承担25%，不收取居民任何费用。在改造实施前，市发展改革委协调国网重庆市电力公司主动承担弃管小区供电抢修服务和群众疏导等工作，相关费用由国网重庆市电力公司先行垫支。鼓励按照平等自愿原则将改造好的弃管小区电力设施移交

国网重庆市电力公司，由其对移交后的电力设施承担终身运行、维护、抢修及更新改造等责任，免除居民用电的后顾之忧。重庆市发展改革委会同各区县政府、国网重庆市电力公司共同确定每年的电力设施弃管小区改造名单。为从根本上杜绝弃管小区的产生，积极推动政府发布《重庆市新建居民住宅小区供配电设施建设管理办法》，从源头和制度上避免了新的小区出现弃管的可能性。

沟通成效

2015年11月25日，国网重庆市电力公司承担的1424个"弃管小区"电力设施改造工程完美收官，惠及居民客户30.3万户近百万人口。

沟通议题 **7** 完善设施农业配套电力服务

沟通策略

工作阶段	沟通重点	沟通对象
服务准备阶段	了解需求，理清服务边界	农村经济委员会（简称农经委）、财政局、经信委
服务推进阶段	与政府协同做好设施农业电力服务工作	农经委、财政局、经信委
服务提升阶段	改进服务	农经委、财政局、经信委

沟通目标

为设施农业良好发展提供安全、方便、优质、高效的电力服务

政府期望

能够采取实际行动切实改善设施农业配套电力服务，为设施农业发展提供电力保障

预期效果

电网企业了解设施农业发展情况、电压质量、供电服务需求等，与乡、村及棚户实现有效对接，建立与设施农业发展相配套的供电模式，满足设施农业户要求，真正帮助设施农业户解决生产生活中的用电难题，显著提高棚户生产效率。

各级政府部门能够积极配合电网企业的工作，为电网企业提供农业配套电力服务改善的各项支持工作，并积极参与到设施农业配套电力服务的提升工作中去，形成各方合力共同发展的良好局面。

沟通对象

各级政府

沟通部门

营销部

沟通方式	沟通对策
调查问卷、座谈会、电话、走访等	与政府、设施农业户建立常态沟通机制，通过座谈会、调研、走访等形式了解在设施农业配套服务中政府及广大设施农户对电网企业的期许和要求；与政府进行沟通，明确政府、电网企业、设施农业户在设施农业配套电力方面的责任和义务
座谈会、上门走访、电话沟通等	与政府、设施农业户共同探讨符合需求的服务策略；协调政府出资改造相关设施农业户电力设施；与政府合作，利用政府渠道和平台共同宣传电力政策、法规、条例
调查问卷、座谈会、电话、走访等	建立信息反馈渠道，采用发放调查问卷、走访、组织座谈会等形式征询政府及设施农业户对供电服务的意见，并通过制定服务改进时间表进行积极回应

案例　　**国网朝阳供电公司服务设施农业示范区发展**

案例背景：

为了做好社会责任管理实践，提升辽宁省朝阳县南双庙设施农业示范区服务工作，国网朝阳供电公司加强与政府、棚户的深层沟通，确保工作有的放矢。

沟通对象：

县政府、农经委、财政局、经信委

牵头部门：

营销部

沟通实践

国网朝阳供电公司与县农经委、财政局、经信委等部门、单位共同组建了农民专业合作社服务联盟，以管委会成员身份参与南双庙设施农业发展规划、建设施工、进入市场的全过程，将供电服务因素纳入管理流程，电力建设受阻等问题在源头上得到解决。在南双庙村委会设立"朝阳供电公司社会责任联系点"，联系点具有宣传政策、联系棚户、评议服务质量、协助公司加强风险管控、提升管理水平等五项功能。此举实现了供电企业与棚友间的互动联系、互信沟通、互相支持、互利共赢。

实施社会责任观察评议制度，形成政情、企情、社情、舆情"四网合一"的双向沟通平台，邀请人大、政协、媒体看电力，接受第三方检阅；建立政府三级对接机制和利益相关方沟通机制，定期报送供电专报，组织南双庙利益相关方座谈会，现场办公解决停电通知滞后等问题。

沟通成效

设施农业配套电力服务工作得到提升，切实帮助设施农业户解决生产生活中的用电难题，提高设施农业户用电满意度。

国网朝阳县供电公司与政府的沟通，变工作沟通为价值沟通，变单纯输出信息为"沟通建立信任、信任增进合作、合作创造价值"，让政府感受到供电公司的诚意，提升了供电公司的品牌形象。

沟通议题8　管理突发应急事件

沟通策略

工作阶段	沟通重点	沟通对象
应急预案准备及演练	做好应对突发事件的准备	各级政府、气象局、公安局、消防局、地震局等
预警及突发事件应急处置	减少因突发事件造成的损失	各级政府、气象局、公安局、消防局、地震局等
突发事件后续处理	提升应对突发事件能力，提升与政府协调能力	各级政府、气象局、公安局、消防局、地震局等

沟通目标

及时传递和获取突发事件相关信息，多方联动，迅速有效地组织应对工作，妥善处理突发事件

政府期望

电网企业能够积极配合政府工作，做好电力要素保障，最大限度地减少突发事件造成的损失和影响

沟通对象

政府应急办、气象局、公安局、消防局、地震局

沟通部门

企业应急办成员单位

预期效果

在遭遇突发应急事件时，电网企业能够快速响应、及时与政府相关部门进行沟通，得到政府的大力支持，在政府相关部门的统一规划下做好工作，减少突发事件对其造成的损失。

政府相关部门能够充分理解电网企业在应对突发事件时做出的努力，认可电网企业的突出贡献。突发事件发生时，政府相关部门将电网企业的请求和诉求作为非常重要的事情有序推动，保证人民群众的生产生活顺利进行，形成各方合力共同发展的良好局面。

沟通方式	沟通对策
报告汇报、座谈会、电话沟通、走访、应急演练等	通过座谈会、上门走访等形式，积极推动政府成立政府主导、各方参与的突发事件应急领导小组等，协同开展突发事件处置工作；做好应急预案的准备工作，电网企业主动走访相关政府部门，力求应急预案与政府相关应急预案的协调一致性；积极参与由政府组织的应急演练，增强协同反应能力；通过政府渠道积极宣传突发事件中电力设施保护等相关知识
信息报送、电话、短信、广播、电视等	启动应急预案，在政府的统一领导协调下开展突发事件应对工作；建立信息推送机制，及时向政府汇报应急事件处理的最新进展，让政府及时掌握突发事件影响情况和电网企业工作的进展；积极了解政府应对突发事件的努力和总体规划，并通过政府相关权威渠道了解突发事件的成因、具体危害，配合政府做好重要、关键部门的电力保障工作
发放调查问卷、座谈会、电话、走访等	召开与政府相关部门的座谈会；积极听取政府等相关方意见，完善应急预案，提升在类似事件发生时的紧急应对能力；探索建立类似突发事件常态多方联动机制，多方联动增强应对突发事件的能力

案例　国网北京房山供电公司联动政府应对极端天气

案例背景：
北京市房山区四季特征鲜明，气候复杂，春秋暴风、夏季暴雨，冬季暴雪。国网北京房山供电公司联合政府部门共同开展区域性应急体系建设，应对极端天气。

沟通对象：
区政府、乡镇政府、园林局、水务局、应急办、交通局、119指挥中心

牵头部门：
运维检修部、安全监察质量部、营销部、电力调控中心

沟通实践
国网北京房山供电公司推动政府建立信息平台，增加电力抢修恢复模块，将发生灾害天气事故现场的气象、地理信息与119、交通指挥等信息共享，同时这些信息也可与地方政府的应急指挥中心实现信息的双向实时传送。为实现信息共享、资源整合和联合行动形成信息支撑，达成"互助"协议，联合政府、水务、气象、交通、119等部门建立动态的协同沟通机制。与多地镇政府深入沟通，争取园林部门最大支持，进行消隐去树工作，避免极端天气下次生灾害的发生。

沟通成效
缩短极端天气下的应急抢修时间，加快恢复供电速度。联合各方资源减少供电公司成本投入。建立新的自然灾害应急工作模式，实现各方共赢局面。提高了政府、社会等满意度，提升了政府对供电公司的支持力度，有效提升供电公司的责任品牌形象。

客户沟通

坚持与客户沟通
最大化客户价值

客户满意是电网企业电力供应的出发点和落脚点。电网企业应全面加强与各类客户的沟通，承担起为电力客户提供安全、可靠、可信赖的电力供应和优质服务的基本职责，坚持服务至上，以客户为中心，不断深化优质服务，持续为客户创造价值。

沟通目标

通过加强与客户的沟通，更好地为客户提供电力供应服务，提升客户价值创造水平和客户满意度，最大限度地赢得客户的理解、信任、支持与合作，推动电网企业与客户共同成长。

服务水平和
客户价值创造水平
得到提升

客户满意度
得到提升

**客户
沟通**

电网企业
负责任的形象得到
客户的认同

电网建设与
运营得到客户的
支持

沟通内容

电网企业应积极创新沟通方式，与客户重点开展三个方面的沟通交流：客户对电网企业在电力供应服务方面的期望和要求、电网企业在开展优质服务方面的行动举措与效果、客户对电网企业电力供应服务水平的评价。

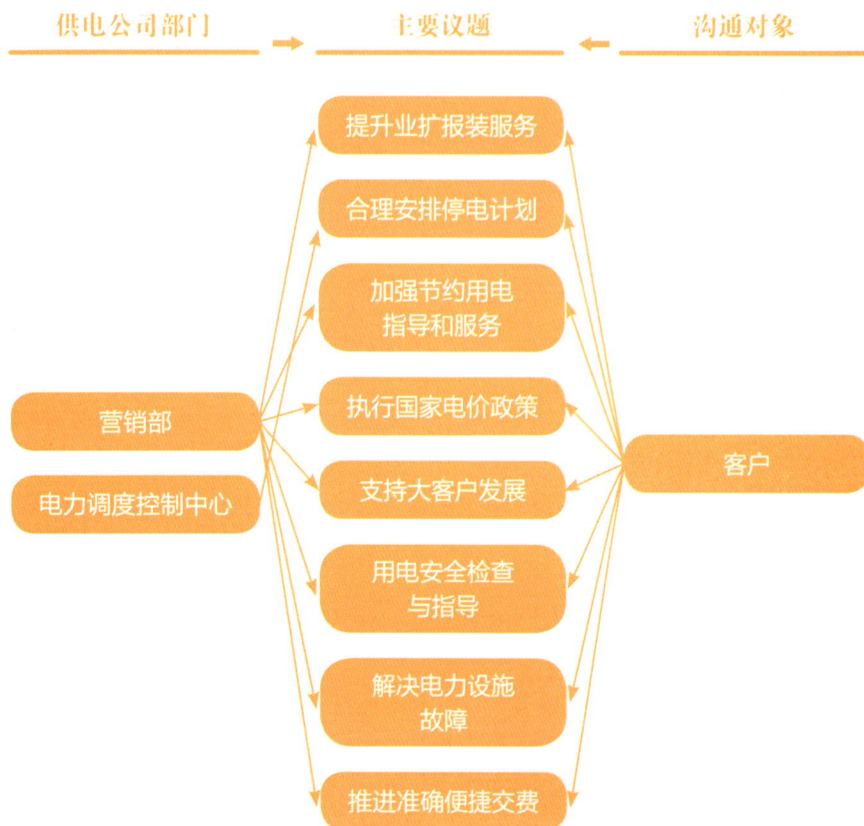

供电公司部门　→　主要议题　←　沟通对象

提升业扩报装服务

合理安排停电计划

加强节约用电
指导和服务

执行国家电价政策

支持大客户发展

用电安全检查
与指导

解决电力设施
故障

推进准确便捷交费

营销部

电力调度控制中心

客户

沟通议题**1**　提升业扩报装服务

沟通策略

工作阶段	沟通重点	沟通对象
宣传告知阶段	业扩报装服务项目、业务流程、收费标准等信息	客户
受理、批复环节	客户相关报装材料是否准备齐全；是否具备通电条件	客户
施工环节	客户将委托书交电网公司存档；电网企业核实设计、施工资质；设施接入电网查验；装表接电	客户

沟通目标

客户充分了解业扩报装的流程，推行透明报装强化利益相关方参与，优化报装流程，赢得客户的认可

客户期望

充分披露业扩报装的方式、方法、流程等缩短业扩报装的时间，推行便捷高效报装，提供良好的报装服务

预期效果

客户在办理业扩报装业务时，业务受理顺畅，方案批复快捷，客户工程施工进度、施工质量和资料报送提质增速，报装流程优化，缩短报装时间，提升电网企业运营效率。

通过沟通，客户能够理解和认可电网企业为提升业扩报装服务所做的努力，透明报装赢得客户的认可，实现利益相关方共赢，电网企业售电量持续增长，实现增供扩销。

沟通对象

客户

沟通部门

营销部

沟通方式	沟通对策
媒体宣传、营业厅告知等	通过在各新闻媒体、供电公司网站、营业大厅等多环节广泛传播业扩报装的流程、政策，让客户更加顺畅地办理业扩报装业务
现场勘查、座谈会、项目经理沟通等	对客户新装、增容及变更用电的申请进行审查，一对一地帮助客户了解申请的相关程序；充分考虑供电的必要性、可能性、合理性，对不符合条件的申请要进行说明，并尽可能提供改进的建议
上门走访、检查与抽查相结合	贯彻"首问负责制"，一口对外，重点项目挂点督办，督办人要走访客户了解项目进展，及时解决报装中存在的问题，推进新增项目尽可能提早投产；详细说明国家电网公司关于业扩报装的相关政策，贯彻"三不指定"；建立系统告知、公示机制；完善大客户经理制，保障互动实效、沟通质量

案例 **国网萧山供电公司加强客户沟通让办电又快又好**

案例背景：
国网萧山供电公司提出打造业扩市场共同体，从客户根本利益出发，促进利益相关方沟通、参与、协作，建立标准化的操作流程，实现整个业扩市场产业链的价值最大化和可持续发展。

沟通对象：
客户

牵头部门：
营销部

沟通实践
国网浙江杭州市萧山区供电公司为每一个业扩受电工程制定一份"阳光全程跟踪计划书"，让客户清晰了解其业扩工程中每一个主体的责任边界，也给所有的设计、土建、供应商、施工单位等利益相关方提供一份进度备忘录。建立了对所有利益相关方开放的沟通平台——业扩过程沟通、协作的"阳光365体验室"，推动由传统的"客户核心体验"转化为"利益相关方温暖体验"，客户、设计、施工单位在设计、施工阶段出现的困惑都可以在阳光365体验室得到解决。设立了"阳光公平秤"，为客户在自主负责的环节提供价格咨询，打破"黑箱子"潜规则，推动业扩报装效率提升与社会价值创造，引导利益相关方追求多元化的增量价值。

沟通成效
各个利益相关方对供电公司的满意度都有了显著提高，进一步提升了企业的责任形象。根据客户回访，有95%的客户对业扩的满意度给出了"比较满意"及以上的评价。业扩报装服务的效率得到了提升，为更多的企业落地萧山提供充足的电力能源保障，推动了地方经济社会的可持续发展。

沟通议题 2　合理安排停电计划

沟通策略

工作阶段	沟通重点	沟通对象
制定停电计划	客户了解停电计划的必要性；根据双方需要合理安排停电计划	客户
及时通知客户	让受到影响的客户准确知道停电的时间、地点等	客户
执行停电计划时	客户是否受到影响；客户意见收集	客户
停电计划完成后	改进停电计划	客户

沟通目标

客户能够详细掌握停电范围、电网检修内容、停电区域等情况，合理进行生产生活安排；电网企业合理安排停电时间，最大限度保障生产安全和客户的可靠、连续用电

沟通对象

客户

客户期望

停电检修计划能够及时告知客户，并能够和客户进行商量，避开生产高峰期，避免造成经济损失

沟通部门

电力调度控制中心

预期效果

电网企业与客户建立起良好的沟通机制，在制定停电计划时充分考虑多方因素，共同制定停电检修计划，把损失降到最低，服务企业发展，实现客户与电网企业共赢。

通过沟通，停电范围内的客户能够通过各种渠道及时有效地获取停电安排计划，并能够在电网企业的帮助下合理安排生产生活；客户对于电网企业的停电计划能够充分理解和认可。

沟通方式	沟通对策
上门走访、电话询问、供电企业内部部门研究客户信息等	邀请客户参与供电企业停电计划的制定工作；上门走访、电话联系，关注用电客户的生产计划安排，错开客户的用电高峰期，合理安排停电时间；定期走访重要客户，最大限度地了解需求侧的用电要求
媒体宣传、电话告知、上门通知等	通过供电企业网站、报纸、广播、电视台等多种渠道宣传停电计划，广而告之，让用电客户知悉停电计划；对于重要客户要做到电话通知，协助其制定停电计划期间的应急管理预案
95598	停电期间，对于客户的投诉等做好解释工作；密切关注重要客户停电期间的用电情况变化等
电话、邮件、座谈会等	采用召开停电计划受到影响的利益相关方座谈会，电话沟通大客户等方式，进一步了解停电计划对于客户的影响情况，为完善停电计划提供改进的依据

案例　国网九江供电公司合理安排停复电管理

案例背景：
信息不透明、频繁停电、复电不及时引起的投诉占比高。在发生不可抗力、不可预见等原因引发的大面积、长时间和敏感时期停电，由于信息不对称、发布渠道的局限和受众接收信息的消费习惯不同，经常出现信息断层和盲点，社会公众和客户不满意。

沟通对象：
客户

牵头部门：
运维检修部

沟通实践
国网九江供电公司在停复电信息发布传播环节，结合客户、社会公众、媒体、政府等不同外部利益相关方的服务需求，打造相匹配的沟通交流平台。建立以专用变压器客户和供电专业为主体的百人微信好友朋友圈，搭建覆盖市县、贯通业务的内部利益相关方朋友圈50个，增进横向协同。信息共享，组建内部服务团队为外部客户提供微服务。细分受众阅读习惯，借用社会媒体广播、宣传解释，满足社会公众传统信息消费习惯，发挥官方微信、微博等自媒体裂变、扩散式传播优势，尽可能让网友、粉丝及时接收到准确信息，扩大信息传播的覆盖面，消除误解，稳定情绪。通过积极打造开放、透明、互动的微服务平台，使供电企业内部工作价值以最快的速度转化为社会贡献，增强客户对供电服务的获得感、感知度，内外利益相关方形成良性互动，实现共赢。

沟通成效
利益相关方满意度显著提升，供电服务投诉总量大幅度下降，客户供电服务满意度大幅提升，在国网江西省电力公司零投诉竞赛中取得优异成绩。

沟通议题3　加强节约用电指导和服务

沟通策略

工作阶段	沟通重点	沟通对象
开展节能服务宣传	节能环保政策；节能环保的意义、途径和方法	客户
为客户提供节能减排诊断、改进方案	客户节能减排存在的问题以及改进的方向、成效描述等	客户
开展能效服务小组活动	电网企业介绍节能减排经验；企业互相交流心得体会	客户
节能减排效果落实回访	节能服务落实情况；节能服务成效	客户

沟通目标
切实提高客户对于节约用电的重视程度，提高客户节约用电能力，全面推进能效服务体系建设，实现社会、电网企业、客户"三赢"

沟通对象
客户

客户期望
电网企业能够积极传达国家关于节能方面的政策措施要求；发挥自身行业特色和技术优势，对客户进行节能指导和改造服务

沟通部门
营销部

预期效果
电网企业积极推动能效小组活动，结合电网企业本身的技术优势和网络优势，帮助客户解决节能发展难题，客户和电网企业建立了常态的节能服务沟通机制。

客户积极参与电网企业组织的能效小组服务活动，对电网企业节能管理经验和服务品质非常认可。客户节约用电的意识和能力得到明显提升，可持续发展能力得到明显提升。

沟通方式	沟通对策
媒体宣传、营业厅展示、上门宣传等	通过摆放节能宣传图板、发放节能用电宣传单、向客户提供节约用电及电价政策咨询等措施，提升社会各界节约用电意识
企业走访、上门诊断等	深入走访企业，开展节能服务市场专题调研，对各企业的能源类型、已实施的节能措施和计划实施的节能措施等信息进行搜集，开展节能诊断调查，并通过综合分析和系统评估，对客户提出节能管理及改造建议，提交初步能效诊断报告，帮助客户降低产品能耗；开展多种形式的节电互动，如节能降耗家庭用电比赛等，支持家庭客户的节能降耗工作
节能技术讲座、节能经验交流、现场参观学习	扩大能效服务网络，覆盖更多的企业；召开能效服务小组座谈会，使企业了解节能工作的经济效益和社会效益，激发企业参与节能改造的积极性，提升企业节能改造的能力和水平
问卷调查、上门访谈、企业座谈	组织定期和不定期的节能减排效果回访工作，了解节能减排措施的落实成效，为进一步开展工作打下基础

案例　国网常州供电公司推动实施企业节能项目

案例背景：
常州是一座传统工业城市，能源消费总量大、效率低，虽然常州市政府鼓励企业节能减排，但本地企业缺乏节能意识，对节能项目的经济效益心存疑虑，在选择能效服务方面经验不足，节能需求和节能服务无法有效对接，常州本地节能服务市场有待激活。

沟通对象：
客户

牵头部门：
营销部

沟通实践
国网常州供电公司每季度与市、区经信委共同举办市、区、镇三级节能主题分享会，设有节能技术讲座、节能案例分析与交流等环节，帮助企业分析如何实现"省钱电"，组织对节能项目感兴趣的企业走进实施能效项目的工厂参观交流。与行业协会共同开发建立"节能吧"网站，不定期披露业内技术强、口碑好的节能服务商名单，通过网站、电话、走访等形式把节能服务商的信息推送给企业，供其自由选择，为节能服务商向企业提供节能咨询与能效调研、节能改造等服务提供帮助。国网常州供电公司进一步联合节能服务商，为企业量身定制《能效诊断报告》，针对企业用能实际情况，分析其用能现状及节能潜力，提出用能改进建议，重点对节能项目进行经济性换算，让企业直观地看到项目效益，最大程度地激发企业实施节能减排项目的热情。

沟通成效
通过精准沟通，广大企业逐渐意识到节能在生产经营中的重要作用，特别是在钢铁、水泥等高耗能行业，越来越多的企业对节能项目表现出兴趣，有效激活了常州节能服务市场。有110余家企业从《能效诊断报告》中获得了细致、专业的节能改进建议，其中50%的企业依据报告建议实施了节能项目，直接推动节约电量约2.2亿千瓦时。

沟通议题 4　执行国家电价政策

沟通策略

工作阶段	沟通重点	沟通对象
向发电企业宣传脱硫电价	脱硫装置验收情况；脱硫设施运行情况；电价政策宣传告知；电量统计核实	发电企业
对高耗能企业执行差别电价	高耗能企业确定	企业客户
居民生活实行阶梯电价	阶梯电价的相关政策、意义、执行计划、受影响人群；特殊人群电价优惠	居民客户

沟通目标
不同的客户群体能够充分了解国家电价政策，促进电价政策的顺利实施

客户期望
对于国家的电价政策进行充分宣传和讲解，关系到自己群体利益的电价在执行时能够有理有据

沟通对象
大客户、一般居民客户

沟通部门
营销部

预期效果
电网企业积极作为，做好不同电价政策的解释和宣传工作，并能够严格按照国家相关政策规定，针对不同的客户群体严格执行不同的电价政策，国家电价政策得到顺利执行。

通过与客户的沟通，发电企业、大客户、居民客户等充分了解国家制定不同电价政策的目的，能够积极配合和支持电网企业的工作，并对电网企业在执行国家电价政策时的努力给予肯定。

沟通方式	沟通对策
查看相关证明文件、电话沟通、上门走访等	对已安装脱硫装置，并经省级以上环保部门验收合格，已由省物价局核准执行脱硫电价的燃煤机组，全额支付脱硫电价。按照国家政策规定对电厂脱硫设施运行情况实施自动在线监测，向省级环保部门实时传送监测数据
国家相关政策核实等	供电公司配合省政府有关部门对高耗能企业进行甄别，对省政府确定执行差别电价的高耗能企业收取差别电费
媒体宣传、上门走访、特殊人群核实等	通过供电营业窗口讲解、开展宣传活动、现场服务、报纸和新闻媒体报道、抄核收相关人员培训等宣传方式，大力宣传国家实行居民阶梯电价的意义和相关政策，做好算费原则、算费实例、居民房屋用电相关信息的温馨提示等；做好特殊人群优惠电价的宣传和执行工作

案例 **国网咸阳供电公司大力宣传阶梯电价**

案例背景：
国网咸阳供电公司大力开展阶梯电价宣传推动工作，希望阶梯电价能够尽快得到居民客户的理解和支持。

沟通对象：
居民客户

牵头部门：
营销部

沟通实践
国网咸阳供电公司在居民用电高峰期来临之前，制作居民阶梯电价常见问题解答宣传彩页，积极进行发放；向居民客户大力推广掌上电力，客户可以在手机上随时随地查询自己的电费电量和阶梯用电情况；对于不理解居民阶梯电价政策、在营业厅里情绪激动的客户，做好应对处理措施，争取客户理解；在营业厅内的LED屏里循环播放日常生活中节约用电的小窍门。营业厅通过积极的宣传和耐心的服务，消除广大客户对阶梯电价执行中的误解和疑惑，提升居民对阶梯电价政策的认识度，增进客户理解和支持，让客户用上明白电、放心电，确保阶梯电价稳步实施。

沟通成效
居民客户对于阶梯电价有了更加深刻的认识，同时也掌握了一些阶梯电价执行后的省电窍门，更加理解和支持阶梯电价政策。

沟通议题 **5** 用电安全检查与指导

沟通策略

工作阶段	沟通重点	沟通对象
营造安全用电氛围	安全用电的重要性、方法、常见问题	客户
增强客户安全用电意识	客户对于用电安全的重视程度	客户
督促安全用电制度落实	投入人力和物力，做好用电安全工作	客户

沟通目标

消除客户对于用电安全检查的误解，获得客户的支持，保证客户安全用电，保障电网安全

沟通对象

客户

客户期望

电网企业能够采取积极措施，大力开展用电安全检查，积极宣传安全用电知识，提升客户安全用电意识，指导客户做好安全用电工作

沟通部门

营销部

预期效果

供电公司充分利用自身的行业和技术优势，全力帮助客户消除安全隐患，确保辖区各类客户安全可靠用电和电网安全稳定运行。

通过良好的沟通，各类用电客户能够支持电网企业用电安全检查活动，接受电网企业的安全用电指导，电网企业与客户联手营造良好有序的用电环境，客户对于电网企业负责任的举措给予高度的肯定，深化与电网企业的联系与合作。

沟通方式	沟通对策
媒体宣传、上门走访、举办活动等	大力宣传安全用电、科学用电，努力营造全社会安全用电的氛围
媒体宣传、上门走访、座谈会、安全知识培训等	从增强客户安全用电意识入手，以收集到的相关客户出现的用电事故案例，对客户进行安全教育，使企业安全用电常记心间。客户服务中心工作人员要着重对企业用电线路设备、自备电源、应急电源配置运行状况等方面进行系统检查
制定隐患消除方案、案例讲解、座谈会、上门走访等	充分利用行业优势，加大对大客户企业安全用电的检查力度，检查大客户企业各项用电制度的落实情况，对发现的安全用电隐患及时纠正，跟踪督办直到隐患消除，为重要客户安全用电把好关；与客户进行充分沟通，帮助客户制订经济、有效的隐患消除方案

案例　国网济宁供电公司让高危客户远离高危

案例背景：

国网济宁供电公司服务客户包括160余家煤矿、化工等高危企业，数量和规模居山东公司之首，承受巨大的安全供电压力。及时向高危客户讲解安全隐患知识，争取高危客户对排查和治理安全隐患的理解和支持，对保障济宁经济社会稳定发展具有重要意义。

沟通对象：
高危企业

牵头部门：
营销部

沟通实践

国网济宁供电公司在启动隐患排查治理前，预先召开客户现场观摩交流会，邀请重点企业生产负责人和技术人员到变电站现场观摩。通过观摩交流，使客户了解安全是经济发展的前提，乐意配合开展安全隐患排查。临近隐患排查15个工作日前，提前向客户发送健康诊断告知书，告知客户安全隐患排查的价值、意义以及计划实施时间，让客户提前了解情况，合理安排好生产时间，使排查工作不影响客户的正常生产和运行。建立全市统一的高危客户信息化管理平台，开展供用电信息政策宣传、管理经验分享、故障在线诊断分析，平台内客户若有设备、运行、管理上的问题，可随时提出，公司结合客户问题，组织在线答疑。联合客户明确一名"供电联络员"，根据客户健康档案情况，及时向"供电联络员"发送安全用电温馨提示短信。选取用电安全表现较好的高危客户，上报安监局，推动安监局授牌。

沟通成效

通过及时沟通，高危客户提高了对安全隐患的认知，对电力安全隐患排查的配合更加主动，推进了对隐患的及时整改。供电企业协助客户进行设备升级改造，更换穿墙套管、老旧设备、保护装置套，客户设备健康率大幅度提高，避免高危客户突发停电造成经营损失。企业管辖客户产权线路和因客户原因引起的线路跳闸次数同比大幅降低。高危企业对电力安全隐患排查的配合更加主动，既保障了安全生产，又提升了企业效益。

沟通议题 **6** 支持大客户发展

沟通策略

工作阶段	沟通重点	沟通对象
组织召开大客户代表座谈会	了解大客户需求；听取大客户建议；解答大客户心中疑惑等	大客户
推行报装绿色通道	满足大客户快速用电需求；协助大客户做好报装准备工作	大客户
建立"一对一"的常态化沟通机制	落实专人服务，为大客户提供安全、可靠用电服务	大客户
建立客户信息反馈机制	大客户意见建议反馈给供电公司	大客户

沟通目标
搭建与大客户之间的沟通桥梁，充分了解大客户在发展过程中面临的困难和问题，以创新服务模式提升服务品质，努力共建和谐共赢的新局面

客户期望
电网企业能够做好电力要素的保障工作，通过各种形式的沟通，充分了解企业在不同阶段的用电需求，并能够给予充分的便利，支持企业的发展壮大

预期效果
电网企业了解了大客户面临的问题和需要电网企业给予的支持和帮助，主动作为，能够将沟通成果转化为不断创新业务内容、提高服务水平、加大科技投入等手段，满足广大客户多层次的用电需求。

大客户通过适当的渠道将面临的问题及时告知电网企业，并能够获得及时的帮助。大客户和电网企业互相促进，共同发展。

沟通对象
大客户

沟通部门
营销部

沟通方式	沟通对策
座谈会	定期组织召开大客户代表座谈会，对大客户比较关心的用电政策等相关信息进行集中讲解，对普遍存在的问题进行集中回应，并听取大客户的意见和建议，及时改进
重点项目协调会；项目经理一对一协调等	开辟重点项目建设绿色通道，开展报装接电提速活动，落实大容量报装领导督导制度，每周召开一次重点项目协调会，促使项目尽快送电投产
上门走访、电话访问等	实施领导干部"一对一"的包点制，定期上门走访，为大客户提供用电分析报告以及节能降耗方案，指导合理安排错峰用电，用技术支持以及优质服务减少大客户的经营成本
上门走访、电话访问等	及时收集大客户的生产情况、意见和建议，并及时采取措施进行回应，提高客户满意度

案例 　国网静海供电公司服务大邱庄钢铁企业转型升级

案例背景：
天津静海区大邱庄镇的支柱产业为钢铁加工业，是全国最大的焊管加工基地，随着钢铁市场持续低迷和钢铁行业供给侧改革的推进，区镇两级政府和钢铁企业自身，都有强烈意愿推动行业转型升级。

沟通对象：
大客户

牵头部门：
营销部

沟通实践
国网静海供电公司充分考虑各利益相关方期望和差异化诉求，树立各利益相关方合作共赢的沟通服务思路，提出共享共赢解决各方沟通信任问题，推出"用电增值、服务超值"长效服务模式，携手助力钢铁企业平稳度过改革"阵痛期"，实现供电企业、钢铁企业、社会多方共赢。搭建沟通平台，邀请政府机构、银行相关部门、钢铁企业与供电企业定期交流沟通生产经营情况，尝试将往期电费缴纳情况纳入钢铁企业信用评估考查范围，推动政府牵头，由银行、担保机构成立融资平台，成立专项资金，解决信用评级优良的企业在转型中的电费缴纳等资金问题。从现场勘查、供电方案制定、方案审查到答复，为客户提供一站式用电报装专业服务，跟进督办，为企业转型扩能

提供坚实保障。深入车间和项目现场，"零距离"倾听客户在保供电和优质服务上的意见、建议。利用技术优势，为大企业用户"量身定制"节能个性化服务方案。

沟通成效
钢铁企业转型升级平稳有序，产品竞争力提升，区域电网稳定运行，没有发生因电器误操作引发的停电或因拒绝缴纳电费引起的司法介入事件，供用电秩序良好。供电企业发展与区域发展深度融合，形成相互支持、互推并进的关系，良好的"电力生态圈"让国网静海供电公司赢得政府、媒体、用户等多方认可和信任，进一步增强了公司话语权和影响力，为面对内外部改革赢得更大主动。

沟通议题 7　解决电力设施故障

沟通策略

工作阶段	沟通重点	沟通对象
电网故障及时通知客户	电网故障告知；停电应对指导	客户
客户设备故障时协助客户快速复电	查找设备故障原因；协助提供设备故障解决方案等	客户
故障排除后管理改进	总结事故原因，改进工作方式，预防事故再次发生	客户

沟通目标

电力设施故障发生时，电网企业和客户能够通过一整套成熟的沟通机制，迅速找到问题根源，并采取应急预案，通知客户做好应急措施保证安全生产，防止事故冲击电网，同时做好防人身、防重大设备损坏工作

客户期望

在电网故障情况下，客户期望快速恢复供电；客户自身设施故障时，期望电网企业提供技术支持

沟通对象

客户

沟通部门

营销部

预期效果

电网企业和客户形成良好的沟通互动机制，电力设施故障发生时双方能够第一时间互通信息，了解电力设施故障的原因和现状，并能够共同协商制定合理可行的电力设备故障维修方案。

当电网企业的电力设施发生故障时，电网企业在做好电力设备故障维修的同时，也能够帮助客户做好应急处理工作，保障客户的生产和生活正常进行。当客户的用电设施发生故障时，电网企业能够及时给予维修服务指导，保障生产安全、稳定进行。

沟通方式	沟通对策
电话通知、上门告知、媒体宣传等	电网设备发生故障时，及时与客户沟通，告知客户做好停电准备；告知当前故障情况，通知客户做好应急措施，保证安全生产，并积极探寻需要电网企业所提供的帮助和支持，协助客户做好用电应急工作
现场办公、用电指导等	客户自身设施故障，要求客户隔离事故点，防止次生事故发生，防止事故冲击电网，同时做好防人身、防重大设备损坏工作；用电管理人员积极协助沟通具有电力设施施工资质的单位进行维修，经过验收合格后，协调客户送电
座谈会、电话、上门拜访等	针对电网企业的电网故障，通过座谈会、上门拜访等形式，告知客户事故原因、采取的应急措施以及所做的改进，消除客户心中疑虑；针对客户故障，积极协助客户找到事故发生的原因，指导客户做好此类事故的预防工作，并召开相关客户座谈会，对此类事件进行说明，避免类似事件的再次发生

案例 国网无锡供电公司创新电力设施故障抢修新模式

案例背景：

无锡市城区的扩大和政务区划的调整，要求电力保障工作作出相应变革。配网工作点多面广量大，与配网运维检修人员结构性缺员之间的矛盾越发凸显，同时又对社会资源利用不足。

沟通对象：

客户

牵头部门：

运维检修部

沟通实践

国网无锡供电公司在片区和运维站所辖区域均采取运行抢修一体化工作模式，均设立"第一责任人"制度。在片区层面上，每个小组负责所辖片区配网设备的"需求上报、施工设计、竣工验收、巡视维护、故障抢修、用户回访"等工作，小组组长是该片区"第一责任人"；在运维站所负责区域层面上，也明确一位"第一责任人"，全面负责运维抢修的前期、中期与后期工作，涵盖设备改造需求上报、改造需求设计、日常巡视检修、设备抢修、用户回访等。实施企业"电工联盟"计划共同提升配网运维抢修水平，通过专业培训帮助企业组建电工联盟，并鼓励企业就近结盟，建立"企业电工联盟微信群"，发生内部故障时，联系附近企业空闲电工，开展联合修复工作，防止内部故障扩散。

沟通成效

"电工联盟"计划的推行，帮助辖区内企业实现互帮互助，最大化减少内部电力故障带来的经济损失，也保障了无锡市公共电网的安全。内外共同协作开展配电网运维抢修的格局形成，提升了队伍的专业素质和技能水平，解决了城区配电网运维抢修结构性缺员的问题。分片的精益化运维管理方式、运维抢修流程的优化，大幅度减少了停电抢修半径。合理的片区电工配置、"第一责任人"制度的推行，显著提升了配电网运行维护效率。

沟通议题 **8** 推进准确便捷交费

沟通策略

工作阶段	沟通重点	沟通对象
通过各种形式宣传不同交费方式	各种交费方式告知	客户
努力打造"十分钟交费圈"	了解客户希望的交费方式；与合作单位拓展交费方式	客户
消除客户心中对于表计计量的疑虑	让客户了解新的表计方式的优势；明确疑虑的来源	客户

沟通目标

让客户明明白白用电，打消对于电表准确性和抄表的疑虑，并能够找到适合自己的交费方式

客户期望

电网企业对于客户提出来的电费计量疑虑能够充分重视，并能够采取一定的措施打消客户心中的疑虑；拓展交费渠道，通过多种形式让客户知道多种交费渠道，并能够协助客户找到适合自己的交费方式

沟通对象

客户

沟通部门

营销部

预期效果

电网企业充分了解客户对于交纳电费过程中的疑虑，并通过多种渠道和方式方法进行宣传和沟通，打消客户心中的疑虑，增强对于电网企业的信任和了解，同时在推广智能电能表、完成及时收交电费方面取得进一步的进展。

客户放心使用新的智能电能表，不再担心电费计量问题，并且找到了适合自己的最好的交费方式，对电网企业非常信任和认可。

沟通方式	沟通对策
媒体宣传、上门告知、合作单位告知等	不断加强多元化交费的宣传力度，利用广播、电视、报纸、合作银行网点、上街宣传、社区互动、农村集市设点等方式对客户进行宣传告知，使客户能够根据自身需要选择最适宜的交费方式
问卷调查、与多方开展合作	开展客户调研工作，了解不同的客户希望开通的交费渠道，大力构建多渠道交纳电费平台，积极打造"十分钟交费圈"，满足城乡不同客户在交费服务上的个性化需求；与不同的交费合作方进行沟通，了解客户在交费过程中意见较大的方面，研究对策予以解决；对采用不同交费方式交费的客户进行调研，掌握交费合作方服务的第一手资料，根据客户意见改进与合作方合作的方式和方法
第三方验证、现场展示、座谈会等	通过展示、对比等方式，向客户说明表计计量的准确性，对于部分客户的要求，可以采用聘请第三方进行测量的方式进行验证。编制《抄表工服务标准手册》，对于服务流程、服务用语等作出标准化的规定

案例　　国网平凉供电公司多渠道交费方便广大用电客户

案例背景：
国网平凉供电公司积极拓展用电客户交费渠道，打造"十分钟交费圈"，努力构建用电客户便捷的交费网络。

沟通对象：
客户

牵头部门：
营销部

沟通实践
国网甘肃省电力公司平凉供电公司从互联网交费和现场交费入手，实行"线上+线下"双轨制模式，打造了一个集银行（机构）、窗口收交、网络交费为一体的全方位便民电费收交平台，推出供电营业厅窗口交费、自助交费终端机交费、"掌上电力"、"微信平台"等10余种交费方式。组织开展"客户经理进万家"活动，利用网络媒介、社会媒体，进村入社张贴和发放宣传资料、营业大厅电子屏提示、短信平台等方式加大宣传力度，提高广大客户安装应用新型用电交费和信息渠道的意识。推进"村村有交费点"的建设进度，借助农行"惠农通"网络平台，在现有农业银行开通代收电费业务的合作基础上，继续拓展合作范围，开展交费点密度分析，完善部分偏远地区交费点体系建设，由农行负责在各乡镇辖区所有行政村设立便民电费代收点，并公布具体服务内容和联系方式，化被动服务为主动服务。委托分布在一些农贸市场、超市或商店等有一定资信的营业组织或个人，利用社会化代收终端、电费充值卡实时收取电费的方式代收电费，基本形成了"十分钟交费圈"。

沟通成效
既解决收费员办理业务劳动强度大、用电客户需排队等待的难题，又有效地缩短交费时间，提高工作效率。让客户切实感受到国家电网公司带来的便捷服务，通过"掌上电力"、微信平台的宣传推广，让电力客户感受到用电无"微"不至，供电服务无处不在。

伙伴沟通

坚持与伙伴沟通
实现全方位共赢

合作伙伴是电网企业打造健康商业生态圈的重要组成部分。电网企业要积极主动加强与合作伙伴的沟通，坚持开放透明、依法经营，正确处理与合作伙伴的关系，努力推动互利互惠、合作共赢，推动与合作伙伴共同进步、共同发展，形成和谐的商业生态环境。

沟通目标

通过加强与合作伙伴的沟通，增进电网企业与合作伙伴在业务开展方面的相互了解，持续提升双方的合作水平，拓展合作领域，实现互利共赢，促进共同进步和共同发展。

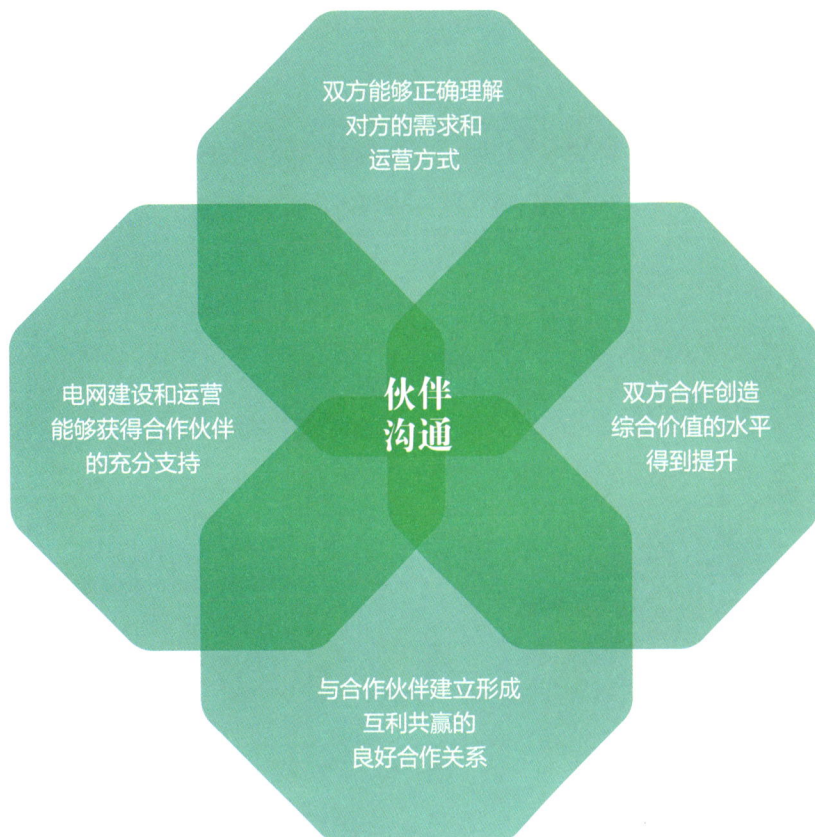

双方能够正确理解对方的需求和运营方式

电网建设和运营能够获得合作伙伴的充分支持

伙伴沟通

双方合作创造综合价值的水平得到提升

与合作伙伴建立形成互利共赢的良好合作关系

沟通内容

电网企业应多管齐下、多措并举，与合作伙伴重点开展三个方面的沟通交流：电网企业在电网建设运营过程中对合作伙伴的合作需求与期望、双方在具体业务合作开展中的相关事宜、合作伙伴对双方合作情况的评价与改进。

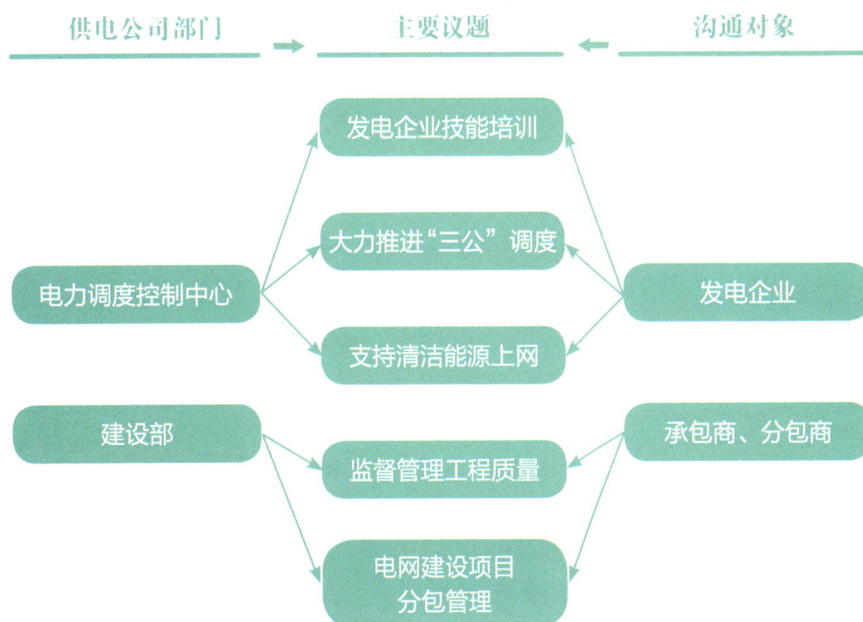

供电公司部门 → 主要议题 ← 沟通对象

电力调度控制中心

发电企业技能培训
大力推进"三公"调度
支持清洁能源上网

发电企业

建设部

监督管理工程质量
电网建设项目分包管理

承包商、分包商

沟通议题 **1** 发电企业技能培训

沟通策略

工作阶段	沟通重点	沟通对象
培训前沟通制订合理培训计划	了解培训需求；掌握接受培训人员情况	发电企业管理层、接受培训人员
培训中沟通解决实际问题	根据培训现场反馈及时调整培训方式、内容、方法	接受培训人员
培训后沟通了解培训效果，并进一步改进	了解培训整体效果；培训人员对于培训的反馈	接受培训人员、发电企业管理层

沟通目标

积极了解发电企业的培训需求，及时了解培训对象的短板，制订合理的培训计划，促进厂网协调

沟通对象

发电企业

伙伴期望

电网企业能够真正地了解发电企业在建设、接入电网及电力设施维护与维修等方面的切实困难，发挥电网企业的优势，为发电企业进行切实有效的培训

沟通部门

电力调度控制中心

预期效果

电网企业能够充分了解发电企业的培训需求，制定具有针对性的培训计划和培训方案，并且能够实实在在地解决发电企业的问题。

通过培训，发电企业能够充分了解电网企业在并网等方面的要求，了解电网企业的工作流程，理解、服从和配合电网企业的调度指挥，提升员工相关技能。

发电企业与电网企业建立长期稳定的合作关系，达到安全平稳运行。

沟通方式	沟通对策
电话沟通、现场座谈等	积极与发电企业联系，了解培训人员学历、工作经历等，合理制订培训计划。制订培训调查问卷，与参加培训的学员进行面对面的座谈或电话沟通，了解接受培训人员在工作过程中面临的突出困难和问题，以及最需要从培训中获取的信息等情况，做好案例和教材准备。培训前与发电企业反复沟通教材、培训方式等，共同改进，以求真正能够为发电企业解决实际问题
培训现场互动	培训中按照事前沟通的培训内容、培训时间安排等进行有步骤、有重点地讲解和说明。培训过程中加强与接受培训学员的沟通，重点解决人员业务技能上的短板，做到培训工作有的放矢；同时加强课堂上的沟通和互动，及时在课堂上解决培训中存在的问题；了解学员对于培训内容的理解和接受程度，及时调整培训的进度、培训方式和方法等；培训中可以建议培训人员到发电厂现场，了解现场设备、接线、运行等实际情况，做到培训工作有针对性、实效性
问卷调查、电话访问、座谈会	通过问卷调查、接受培训人员现场座谈等形式，及时了解培训人员对于培训内容的学习情况。培训一段时间后，了解发电企业接受培训人员在实际工作过程中对于培训内容的掌握、运用程度，适时提供更具有针对性的培训和服务。针对部分专业性较强或电网企业无法提供且发电企业又非常急需的培训内容，电网企业可以建议发电企业寻找外部专业咨询机构进行培训

案例　**国网张家口供电公司为新能源企业进行技能培训**

案例背景：
河北省张家口市是我国华北地区风能和太阳能资源最丰富的地区，也是京津冀地区重要的生态涵养区和国家规划的新能源基地之一。为了促进新能源企业发展，国网张家口供电公司为其在岗及新上岗人员进行技能培训。

沟通对象：
发电企业

沟通部门：
电力调度控制中心

沟通实践
国网张家口供电公司组织经验丰富的讲师定期开展培训，以帮助新能源企业健康发展。了解在岗及新上岗人员的技术水平、培训需求、学历、工作经历等，针对培训对象技术水平和业务能力参差不齐等情况，合理制订培训计划。培训过程中加强沟通，重点解决人员业务技能上的短板，做到培训工作有的放矢，加强对于电力系统现场实际的讲解，并使其详细了解调度指挥关系和工作流程、运维工作要求等。建议现场实际设备操作由其自行联系相关专业培训机构进行实地培训。

沟通成效
培训人员均已上岗，技能熟练，业务运行流畅，在风电场的安全平稳运行过程中发挥了重要作用。众多知名新能源企业积聚，为张家口市提供了就业、原材料生产、装备制造等众多发展机会，对于促进地方经济发展具有示范意义。

沟通议题 2 大力推进"三公"调度

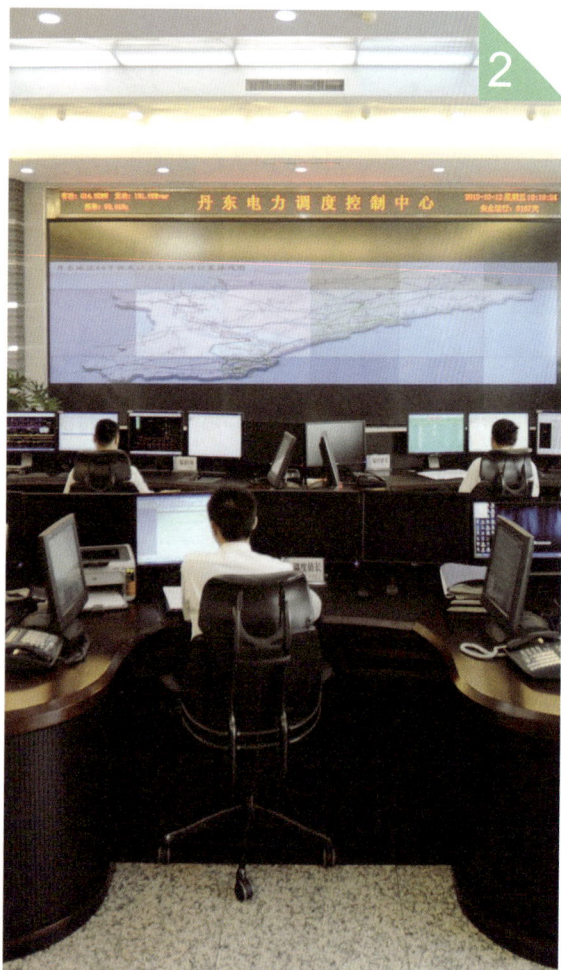

沟通策略

工作阶段	沟通重点	沟通对象
关注政府政策	传达政府最新政策要求	发电企业
及时向社会公布"三公"调度信息	社会相关单位明晰"三公"调度信息等	发电企业
规范"三公"调度管理	严格执行国家政策、省公司规定；执行发电厂并网调度协议等	发电企业
接受发电企业的问询和监督	针对工作中存在的问题进行讨论	发电企业
开展客户服务调查	了解发电企业对于电网企业的意见和建议等	发电企业

沟通目标

确保电网安全稳定运行，维护电网和广大发电企业、用电客户整体利益，形成电网企业与发电企业和谐发展的良好局面

伙伴期望

电网企业能够合理安排上网电量，保证发电企业的权益，维护发电、供电、用电等企业的合法权益，切实做到公平、公正、公开调度，为电网企业创造良好的社会环境，促进发电企业健康发展培训

预期效果

电网企业确保"三公"维护发电企业的权利，发挥"团结治网"的优良传统，保障"三公"调度工作顺利进行，共同建设和谐的厂网关系。

发电企业对"三公"调度制度和政策充分了解，对于电网企业在"三公"调度方面的努力表示认可，并积极支持电网企业开展"三公"调度工作。

沟通对象

发电企业

沟通部门

电力调度控制中心

沟通方式	沟通对策
电话沟通、上门拜访等	紧密关注政府相关政策、法规的出台，向发电企业及时、有效地传达相关重要信息
媒体宣传、电话告知、邮件通知等	遵循发布形式统一、内容统一、周期统一、版面设计统一的原则，通过各种形式及时告知发电企业"三公"调度信息。统一规范调度信息发布内容、形式和周期，每月10日统一更新网站信息
媒体宣传、电话告知、邮件通知等	坚持依法公开、公平、公正调度，保障电力系统安全稳定运行。严格执行购售电合同及并网调度协议，科学合理安排运行方式。严格遵循《国家电网公司"三公"调度工作管理规定》，规范"三公"调度管理
厂网联席会、座谈会、电话沟通等	建立问询答复制度，对并网发电厂提出的问询必须在10个工作日内予以答复。加强厂网联系，每年至少召开两次厂网联席会议。聘请"三公"调度监督员，建立外部监督机制
问卷调查、电话回访、座谈会等	采取问卷调查的形式，辅以电话回访和深度访问，主要就"三公"调度交易情况、调度交易员工行为、合同签订与执行、电费结算、信息发布等方面进行调查，针对发现的问题及时沟通解决

案例　国网渭南供电公司召开厂网联席会

案例背景：
2015年12月30日下午，国网陕西省电力公司渭南供电公司2015年度发电企业与电网企业联席会议在渭南电力大楼十二楼电子会议室召开，15个电厂调度监督员及电力市场联络员参加了会议。

沟通对象：
发电企业

沟通部门：
电力调度控制中心

沟通实践
国网渭南供电公司邀请各位参会代表参观了调控大厅，听取电网运行情况的汇报，了解调控业务的开展情况，介绍了目前电力供需情况和电网供电形势，通报了2015年渭南电网的整体运行情况、涉网地方电厂安全工作检查情况及各地方水火电检修计划及上网指标的完成情况。厂网沟通、协调、支持要共同遵守规则，规则就是遵守电力法规及调度协议，这样才能建立和谐的厂网关系。希望涉网电厂高度重视安全工作，设备的维护和日常工作都要安全规范，对调查出的问题要及时整改，不留死角。与会代表就电网运行方式变化后电厂运行中出现的实际问题等，与专业人员进行了面对面的交流和咨询，并各自提出了宝贵的意见和建议。

沟通成效
落实了国家电网公司调度交易服务"十项措施"，规范了渭南电网"三公"调度管理，及时了解发电企业的意见和需求，加强和改进了供电服务工作，提高了服务水平。

沟通议题3　支持清洁能源上网

沟通策略

工作阶段	沟通重点	沟通对象
积极传达国家各项政策	国家政策传达	清洁能源发电企业
解决清洁能源上网问题	了解问题、解决问题	清洁能源发电企业
做好电量核对工作	电量校对	清洁能源发电企业

沟通目标
及时完成各风电场、光伏电厂的并网工作，确保上网电量结算准确

沟通对象
清洁能源发电企业

伙伴期望
电网企业能够与发电企业及时沟通清洁能源上网的注意事项，及时传达政府的相关政策规定，并及时完成各风电场、光伏电厂的上网电量结算工作，保障发电企业的权益和正常发展

沟通部门
电力调度控制中心

预期效果
电网企业辖区内各并网风电场、光伏电厂等清洁能源企业能够安全有序地进行生产和并网工作，促进当地清洁能源产业有序发展。

电网企业和清洁能源发电企业形成高效沟通合作机制，当清洁能源上网遇到问题时能够通过沟通协助迅速而有效地解决问题。清洁能源上网电量计量能够得到发电企业和电网企业双方的认可。电网企业的工作得到发电企业的一致认可。

沟通方式	沟通对策
电话通知、邮件通知、上门告知等	紧密联系客户，积极传达国家的各项政策规定，引导发电企业争取各项优惠政策，并按照国家的规定进行生产；及时了解掌握本地区清洁能源发展现状和趋势，与清洁能源发电企业保持紧密联系
现场办公会	电网企业规划部门与清洁能源发电企业进行及时对接，在电网规划等方面做好协调工作。在遇到清洁能源上网相关问题时，召开现场办公会，由电网企业主要领导牵头、各部门相关业务骨干参与，同发电企业进行协商，找到问题根源，迅速而有效地解决实际问题。利用发电企业本身的行业和技术优势，帮助发电企业解决电力设施故障等问题
工作人员电量核对、上报省电力公司	电网企业变电运维工区各操作队每月按时准确抄报各发电企业并网点月度上网电量，并及时上报电力调度控制中心。电力调度控制中心与各发电企业核对本月发电量、上网电量。核实准确后汇总地区各电厂月度上网电量并上报省电力交易中心。电网企业要做好与发电企业的沟通与协调工作，在电量核对出现问题时，能够通过有效的沟通进行和谐、有序处理

案例　　国网嘉兴供电公司加强沟通促进分布式光伏并网

案例背景：
浙江省嘉兴市光伏企业数量多、规模大，市委市政府提出打造两个千亿产业，光伏就是其中之一。国网嘉兴供电公司贯彻落实国家电网公司"欢迎、支持、服务"分布式光伏发电的政策，积极支持服务嘉兴市新能源发展。

沟通对象：
政府、分布式光伏项目业主

牵头部门：
营销部

沟通实践
国网嘉兴供电公司通过座谈会、利益相关方调查问卷、电话访问、上门走访等多种形式的活动，明确利益相关方相应的诉求。成立分布式电源并网领导小组和工作小组，选派一名骨干驻点嘉兴市光伏产业发展办公室，积极推动政府主管部门开展光伏应用规划编制工作。推动政府主导，变零星分散开发为统一规模开发屋顶资源，鼓励设立各类房产与屋顶光伏投资开发公司。加大对光伏发电并网服务的宣传，并开展上门服务专项活动，积极走访经营区域内的分布式光伏发电项目，从政策宣传、技术咨询、业务受理、简化流程、并网服务等方面提供一揽子上门服务。

沟通成效
分布式光伏发电"嘉兴模式"持续得到各级领导的关注。国家部委、政府领导多次到嘉兴现场调研指导分布式光伏发电应用工作，对嘉兴分布式光伏发展工作探索和实践给予了充分肯定。有效提升了分布式光伏并网接入的规范化水平、标准化水平和服务效率，大幅缩减并网服务时限。

沟通议题 4　监督管理项目质量

沟通策略

工作阶段	沟通重点	沟通对象
项目开始前期	针对项目本身进行沟通	项目合作方
项目进行过程中	监督管理项目质量	项目合作方
项目成果验收	对项目成果质量是否达标进行验收	项目合作方

沟通目标
合作伙伴能够充分了解电网企业意图、时间计划、项目成果等各方面的信息，保障项目成果符合电网企业要求

伙伴期望
电网企业能够出台一系列的标准、说明等，并通过多种形式的沟通使得双方对于项目的理解达到高度一致，在项目进行过程中能够给予充分的支持和帮助

沟通对象
工程类、咨询类项目合作伙伴

沟通部门
建设部、外联部等有项目需求的部门

预期效果
通过良好的沟通，项目合作伙伴能够充分了解电网企业委托的项目，项目成果能够充分符合电网企业要求。项目合作伙伴在为电网企业服务过程中能力不断提升，与电网企业的合作关系更加密切，双方共同进步。

电网企业通过沟通能够充分利用外部力量完成急需解决的问题和任务，项目成果非常符合电网企业的要求，节约时间和人力成本。

沟通方式	沟通对策
电话、座谈会、邮件、上门拜访、通知文件	项目合作关系确定之后，电网企业要尽快通过电话、快递、邮件等方式，将项目、工作要求文件转达给合作方；项目需要时，及时召开相关方座谈会，电网企业就工程、项目成果、意义、时间进度安排等与合作伙伴进行充分告知和协商，便于双方对于工程、项目能够更好地达成一致意见
电话、座谈会、邮件、上门拜访、中期检查、项目汇报等	对于工程类项目，与企业法人及企业安全管理人员沟通，明晰施工过程的危险因素及可能带来的不确定的后果，获得他们的大力支持；对现场的工作负责人及工作票填写人员进行培训，保证现场安全措施满足施工要求，明确相关人员的现场安全职责；对现场工作人员进行现场提问，以确定是否完全掌握现场危险点、施工不安全行为等问题，并现场进行安全培训。 对于咨询项目，积极配合咨询单位开展调研、访谈、收集资料等工作，并召开项目中期汇报会等，对项目成果进行检验
座谈会、项目验收会、专家评审会、实地调研等	召开项目验收会、专家评审会等，对于项目成果进行评审，项目不能通过时，及时与项目合作方进行沟通，便于项目合作方改进和提升

案例　国网漳州供电公司提升外包施工单位管理

案例背景：
供电企业项目外包工程逐年增加，外包施工单位对自身施工质量、人身安全方面的管控力度十分有限，导致安全生产工作存在一定的压力，电网安全难以保证。

沟通对象：
各分包队伍

牵头部门：
建设部

沟通实践
国网福建省电力有限公司漳州供电公司建立"安全管家"微信平台，将各级管理人员、市县两级外包施工单位人员加入该微信互动平台，由执规队、工作负责人、外包施工单位人员共同对现场施工习惯性违章等进行实时监督，存在不规范之处立即通过手机拍摄发送至微信平台，由施工单位领导及安监部负责人第一时间进行指导。由各专业的专工及以上人员组成管理队伍分别挂钩各施工单位，作为该施工单位的帮带力量，推行安全送教上门与集中学习相结合，到各施工单位驻地开展案例学习、违章通报、观看违章教育录像等，确保生产施工与安全教育学习两不误、两促进。对施工单位在学习、培训等方面提供指导，及时传达供电企业的各项新的要求，拉近外包施工单位与供电企业的距离。

沟通成效
加强了该企业领导、各级管理人员与施工单位的互动沟通与交流，重点确保了施工现场监管到位。逐步推进施工队人员对社会用电负责的责任意识和行为模式的转变。对外包施工单位管理水平日益提升。

沟通议题5 电网建设项目分包管理

沟通策略

工作阶段	沟通重点	沟通对象
选择分包商	资格审核	电力施工企业、分包商
签订分包合同	明确分包商的权利和义务	承包商、分包商
加强分包作业过程管理	作业过程中的监督	承包商、分包商
对分包单位的履约结果进行评价	监督分包履约结果	承包商、分包商

沟通目标

适时掌握施工企业对基建工程施工分包管理的业务需求，保证各施工分包参建队伍资质、人员满足国家电网公司的要求

伙伴期望

电网企业能够明确提出分包政策和管理规定，制定合理规范和系统的分包商评价政策，让分包工作有序进行

预期效果

电网企业对建设施工单位的施工能力、人员构成、管理水平等有更加全面的了解，提高劳务队伍职业素质，加强劳务队伍安全管理，有效控制事故的发生，优质高效地完成电力建设施工任务。

承包商、分包商逐步认可、理解并接受国家电网公司的分包管理理念，并在实际的工作实践中深刻贯彻落实下去，促进承包商、分包商与电网企业的共同成长和发展，也使得他们深刻体会到国家电网公司推行全面社会责任管理带来的改变。

沟通对象

电力施工企业、分包商

沟通部门

建设部

沟通方式	沟通对策
审批执行、书面申请等	与电力施工企业进行充分沟通，明确选择分包商的重要性，说服电力施工企业建立一整套的分包商管理体系，从分包商准入管理开始。执行严格的审批手续，分包商的确定需由电力施工企业组织各职能部门审批后，由施工项目部向监理单位提出书面申请，监理单位审核同意后，报电网企业批准并备案
座谈会、签订书面合同等	电网企业召开承包商、分包商共同参与的座谈会，明确分包商的权利和义务，合同内容包括质量标准、工程承包人义务、劳务分包人义务、安全施工与检查、安全防护、事故处理、保险、材料和设备供应、劳务报酬、施工变更和验收、违约责任、索赔、争议、合同解除和终止、双方约定的其他事项等
座谈会、常规检查和突击检查等	通过与分包商、工人召开座谈会及到工程现场进行常规和突击检查等沟通形式，确保工程施工安全、质量行为符合要求，施工班组负责人、技术员、安全员等关键岗位人员通过审核认可，施工人员接受安全教育和技术培训，工人工资及时发放等
座谈会、专家评审会等	电网企业和承包商共同对分包商的履约结果进行评价，通过座谈会、专家评审会等形式指出需要改进和提升的内容，帮助分包商成长。同时将评价结果作为分包商下次是否入围初选的依据

案例　上海送变电工程公司携手分包队伍保障农民工权益

案例背景：
作为用工单位的送变电企业，通过近几年的项目实践，发现以往的举措无法很好解决农民工流动性大的状态。只有充分发挥分包商的直接管理作用，与农民工自身的切实需求相结合，形成双向互动，才能形成多方共赢的局面。

沟通对象：
各分包队伍

牵头部门：
办公室

沟通实践
上海送变电工程公司要求分包商管理者签订承诺书，保证在收到工程结算款后既定日内足额发放农民工薪资，同时提供农民工基本保险权益，为农民工购买综合保险等业务。加强对分包商发放农民工工资的监控，堵塞纠纷源头，落实问责制度，确保农民工的心声和诉求。与分包商合作加强培训，为每个农民工进入施工现场前发放施工现场安全告知书，告知农民工如何注意电网建设过程中的危险点。引导农民工提高专业技能水平，通过分包商有效的激励机制，提高取证率及证照含金量。组织民工学习管理制度、道德规范，借助某些成熟的载体或平台，让农民工学得轻松自如，不会感到难懂、吃力。

沟通成效
分包商观念实现了转变，加强了对农民工的培训和关爱，提升农民工对企业的忠诚度，从而增加施工现场的实际施工效率，提高项目盈利能力。规避企业安全、经营及舆情风险。为广大农民工提供一个可靠安全的职业环境，从而促进社会的和谐稳定。

媒体沟通

坚持与媒体沟通
打造媒企新关系

媒体是电网企业与社会和利益相关方相连接的桥梁和纽带。电网企业应与媒体积极开展沟通合作，发挥媒体的宣传和监督作用，积极传播公司为地方经济社会发展和人民生活品质提升所做出的战略部署、主要行动和显著绩效，主动接受媒体监督，增进社会各界对公司的了解、理解、信任和认同，为企业发展赢得良好的舆论环境。

沟通目标

通过加强与媒体的沟通，建立形成与媒体的良好关系，增进媒体对电网企业综合价值创造战略、行动和绩效的传播，防止媒体对电网建设与运营的不当宣传，提升公司形象，为电网企业的发展营造良好的舆论环境。

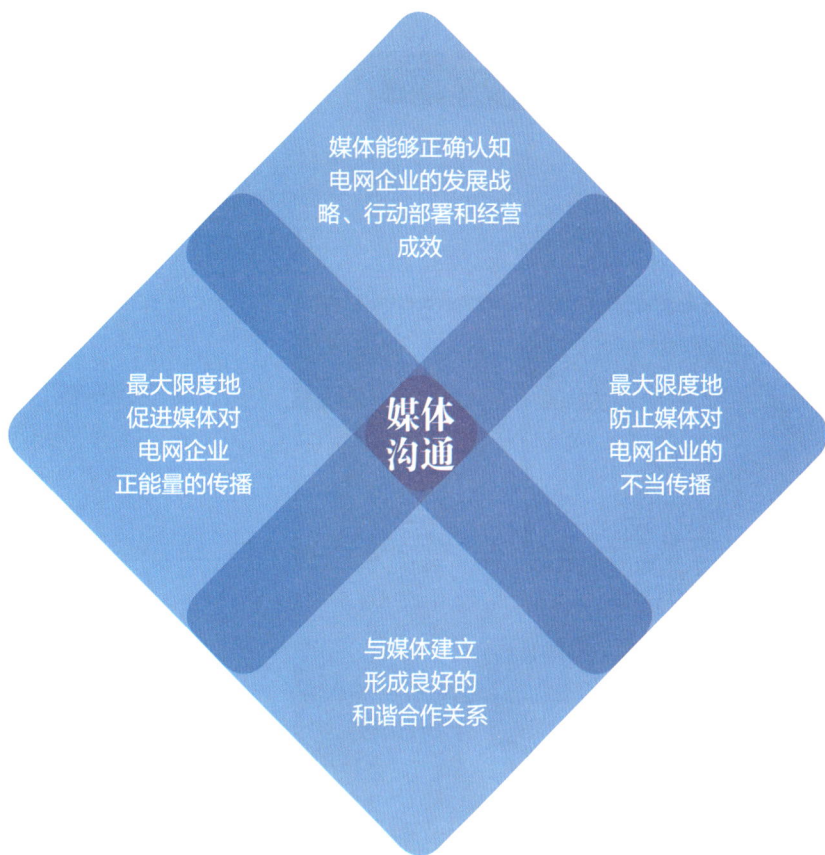

媒体能够正确认知电网企业的发展战略、行动部署和经营成效

最大限度地促进媒体对电网企业正能量的传播

媒体沟通

最大限度地防止媒体对电网企业的不当传播

与媒体建立形成良好的和谐合作关系

沟通内容

电网企业应全面把握媒体传播规律，与媒体重点开展三个方面的沟通交流：企业服务地方经济社会发展和人民生活品质提升的战略部署和行动绩效、电网建设与运营中的相关议题和突发事件、电网企业与媒体的合作事宜。

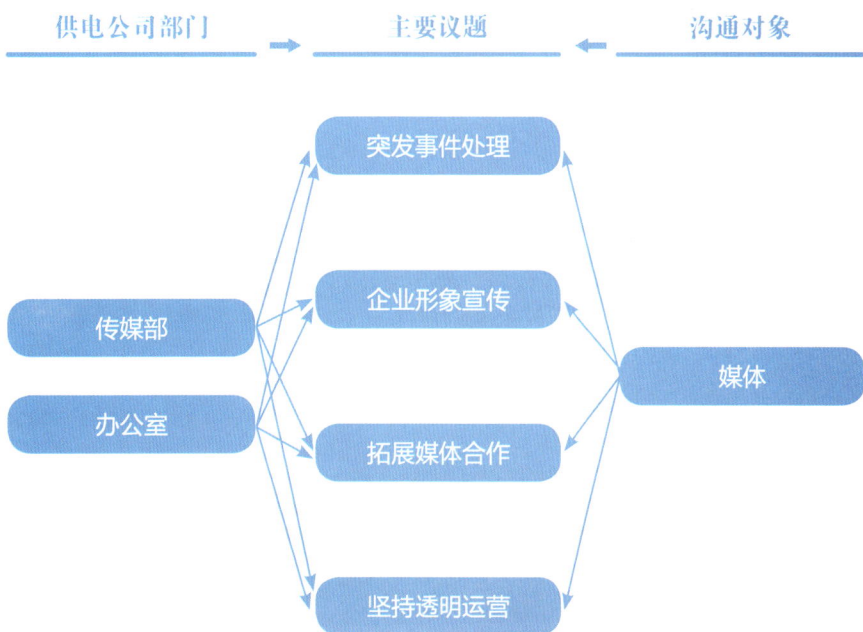

供电公司部门 → 主要议题 ← 沟通对象

传媒部

办公室

突发事件处理

企业形象宣传

拓展媒体合作

坚持透明运营

媒体

沟通议题 **1**　突发事件处理

沟通策略

工作阶段	沟通重点	沟通对象
突发事件发生前	与媒体建立长期的合作关系	媒体
突发事件发生的初始阶段	了解事件起因，并对外公布	媒体
突发事件的处理经过	沟通事件真相，规范传播口径，引导媒体报道倾向	媒体
突发事件结束后	沟通事件结果、影响范围、采取的措施等	媒体

沟通目标

通过与媒体进行有效沟通和协调，配合媒体进行宣传，有效引导社会舆论，提高驾驭复杂舆论环境的能力，减少负面新闻发生，维护公司良好的社会形象

沟通对象

媒体

媒体期望

及时、准确公布突发事件的起因、经过、影响、处置措施等信息

沟通部门

传媒部、办公室

预期效果

电网企业保持与媒体不间断地沟通和协调，保持电网企业与媒体有效地、深入地沟通，确保信息发布的及时性、客观性和公正性，减少社会负面影响，提升电网企业负责任的品牌形象。

媒体对于电网企业在处理突发事件过程中的公开、透明以及良好的合作态度表示认可，并充分支持电网企业为消除社会不良影响所做出的努力，充当电网企业的公共关系处理参谋，双方的合作关系进一步融洽。

沟通方式	沟通对策
座谈会、电话、邮件、上门拜访等	事前与媒体进行充分沟通，说明电网企业容易发生的突发事件类型，与各种类型的媒体召开座谈会，研讨发生不同类型的突发事件时应该采取的应对措施建议，回答媒体对于电网企业的疑问
电话、传真、邮件、网络、新闻发布会等	立即启动应急预案，成立应急指挥部；沟通内部部门迅速了解突发事件起因、现状等；建立新闻发言人制度，统一突发事件处理的口径，引导和控制舆论局势；确认核心传播媒体名单，保持与媒体的沟通顺畅；第一时间传递电网企业对于突发事件的正面解释，防止社会不当猜疑
现场采访、提供新闻稿件等	新闻发言人应谨慎对待，把握好向媒体公布信息的尺度，传媒部积极了解供电公司相关业务部门对突发事件的解决办法和处理经过，为媒体提供专业知识解答；传媒部与媒体保持不间断地沟通，并准确公布突发事件的起因、处理经过、处置措施等，确保媒体对突发事件报道的及时性、准确性
召开新闻发布会、座谈会等	组织各类媒体召开新闻发布会，及时公布电网的管理与运行的实际情况以及后续整改方法与措施，尽量减少对供电公司的负面影响；召开座谈会，针对媒体在突发事件解决中发挥的作用给予感谢，并认真听取媒体的意见，改进处理类似突发事件的方式和方法

案例 **国网鞍山供电公司借助媒体力量化解"莫须有"舆情**

案例背景：
2014年5月中旬，鞍山市移动用户的手机信号时断时续。国网辽宁省电力有限公司鞍山供电公司一名职工从移动客服得到的解释是"由于供电公司停电，造成基站停电，设备无法正常运行，造成了用户信号不稳定"。该名职工立即将此事向国网鞍山供电公司办公室进行了汇报。
沟通对象：
媒体
牵头部门：
办公室

沟通实践
国网鞍山供电公司立即向公司调度等部门进行核实，确认无停电情况后，与鞍山市移动公司进行联系，告知其相关情况，并严肃表明我方立场。同时，将事件真实情况告知鞍山市各主要媒体如鞍山日报、千山晚报、北方晨报，并配合移动公司发布声明，向社会各界通报造成移动用户手机信号不稳定的真实原因，排除社会各界对供电公司的误会。鞍山市政府信息办和市委宣传部新闻听取国网鞍山供电公司汇报后，表示支持供电公司的做法，并要求移动公司澄清此事，同时告诉鞍山市各媒体要协助供电公司做好舆论引导工作。随后，鞍山市移动公司向国网鞍山供电公司进行了道歉。

沟通成效
国网鞍山供电公司成功解除了一起"莫须有"舆情的发生。供电公司主动与媒体、相关方沟通，有效解决了该突发事件，赢得了政府、媒体和社会公众对供电公司的理解和尊重。

沟通议题 **2** 企业形象宣传

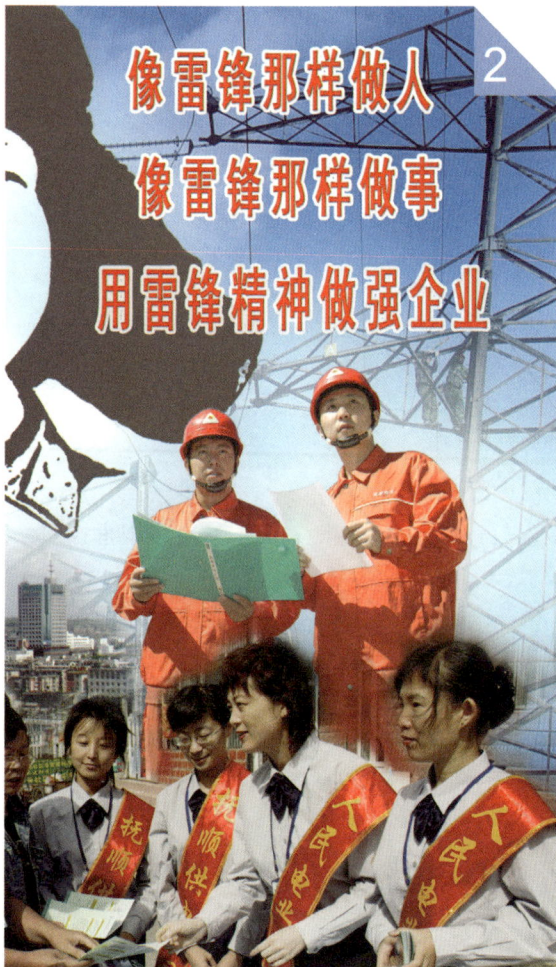

沟通策略

工作阶段	沟通重点	沟通对象
宣传前期	确定企业形象宣传的主题和活动方案	媒体
宣传中期	日常新闻报道的鲜活性；重大事件报道的时效性	媒体
宣传后期	了解宣传活动效果	媒体

沟通目标

通过与媒体进行有效长期合作，借助媒体宣传电网企业正面形象，传播电网企业正能量，得到社会公众的信赖和支持，塑造正面电网企业形象

媒体期望

电网企业坚持透明运营，加强与各类媒体的沟通交流，使得媒体能够全面了解电网企业，实现双方的合作共赢

预期效果

电网企业主动与媒体建立常态化沟通机制，通过主动合作和配合媒体进行宣传，增进其与媒体、社会公众之间的理解和信任，实现社会公众对其企业文化的情感认同和价值认同，提升企业良好形象。

媒体加深对电网企业的了解和认可程度，进而能够主动地帮助电网企业完善企业形象宣传方案，协助其进行企业形象宣传，双方的合作关系进一步深化和发展。

沟通对象

媒体

沟通部门

传媒部、办公室

沟通方式	沟通对策
电话、传真、邮件、座谈会等	与各类媒体召开座谈会，听取媒体对于电网企业形象宣传的意见和建议；由专人负责与重点媒体进行日常沟通，建立沟通常态化机制；根据不同媒体对新闻发布的不同特点和需求，积极与各类媒体沟通，确定企业形象宣传计划，并邀请媒体一起深入挖掘能够展现企业良好形象的素材，确定宣传的主题和亮点，制订宣传活动方案；积极配合媒体进行采访、宣传
媒体现场参与、拍摄微电影、专题栏目等	与媒体建立日常沟通常态化机制，深入挖掘一线新闻活动，及时向新闻媒体刊发稿件，增强新闻报道的鲜活性；主动与重点媒体相关部门联系，与重点媒体建立联系人机制或在主流媒体开设专栏，当重大事件发生时，传媒部及时通知重点媒体相关联系人，提供稿件或安排重点媒体相关人员进行现场跟踪报道，保障重大事件新闻的时效性；供电公司主要领导人在适当的时候接受媒体的采访，针对重大事件发布电网企业的专业意见，提升电网企业形象
调查问卷、座谈会等	通过与媒体沟通，及时了解相关反馈信息，如网页的点击量、报刊的售卖量、公众对于媒体热线的反馈等，及时了解媒体、社会公众等对于电网企业形象改变多少、提升多少；召开媒体座谈会，针对形象宣传中存在的问题进行讨论，研究对策，完善下一步的提升方案

案例 国网唐山供电公司价值传播提升电能替代社会影响力

案例背景：
国网冀北电力有限公司唐山供电公司面向终端能源消费市场，积极倡导"以电代煤、以电代油、电从远方来"的能源消费新理念，大力开展"电能替代"工作，推动全社会节能减排。

沟通对象：
媒体

牵头部门：
办公室

沟通实践
国网唐山供电公司在人流密集的广场举办"绿色电能助推减排""绿色电能环保出行""绿色电能便捷万家"等主题宣传活动20余次。为百姓发放宣传册，义务讲解"电能替代"知识、家庭巧用电常识。举办"清洁能源铸就绿色梦想""绿色电能、和谐电力"等电力专场晚会2次，以大家喜闻乐见的相声、小品、歌曲等形式展示"电能替代"的重要意义和清洁能源用电常识。利用电视台、广播电台、户外大屏等传媒方式，投放视频、音频和标语等公益广告及"电能替代"动漫宣传片，累计播放2500余次，接受客户咨询百余人次，引导人们改变能源消费习惯。通过抓典型、树示范，采取"以点带面"的推进策略，建设10个"电能替代"典型示范项目，并广泛宣传，促进"电能替代"工作持续发展。

沟通成效
电能替代项目的推广增加了公司的售电量，同时也为企业客户创造了价值。联合第三方机构对高污染企业等利益相关方进行满意度调查和回访，结果显示，选择不满意的比例为零。同时，项目受到了政府相关部门的高度评价，树立了企业负责任的企业形象。

沟通议题 **3** 拓展媒体合作

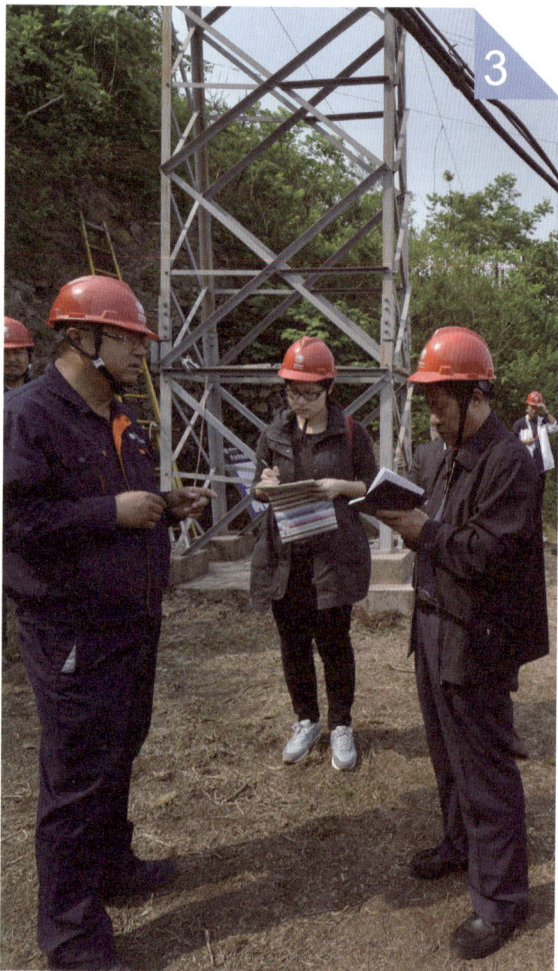

沟通策略

工作阶段	沟通重点	沟通对象
深化与媒体合作	挖掘新闻素材	媒体
拓展媒体合作广度	开拓更多的合作内容	媒体

沟通目标

巩固和深化同媒体的沟通协作机制，不断开拓对外宣传渠道，在重点媒体上展示供电公司形象，实现与媒体合作宣传广度和深度的新突破

沟通对象

媒体

媒体期望

电网企业进一步对媒体开放，将媒体视为共同成长的伙伴，为其提供便利，深入挖掘、报道服务地方经济发展、服务民生和社会公众生活的新闻事件

沟通部门

传媒部、办公室

预期效果

电网企业的新闻宣传工作顺利进行。从简单的提供新闻稿件向共同挖掘、策划新闻点转变，发布稿件的数量在增加，合作的媒体数量上在提升，传统媒体和新媒体都开展一定领域的合作，并且与部分省级媒体、中央媒体建立联系，增强电网企业的社会影响力。

媒体在与电网企业的沟通与合作中受益，主动联系电网企业寻找新闻点，在涉及电力新闻宣传时能够得到电网企业的帮助，媒体的认可转化为对于电网企业新闻宣传工作的大力支持。

沟通方式	沟通对策
电话、传真、邮件等	电网企业的工作和沟通时点前移，主动参与和了解媒体每月、每周等固定时间的主题策划会内容，围绕主题进行相关新闻素材的准备，并按照媒体的要求进行认真修改；主动关注社会热点，针对涉及的电力问题，主动组织相关新闻材料，从电网企业的专业视角进行解释答疑，整理成文章供媒体使用；开展媒体"走进国家电网"活动，让媒体全方面了解电网企业的工作；召开媒体座谈会，请媒体为电网企业的宣传工作出谋划策，提出问题和针对性的改进建议；将与媒体的合作拓展到供电公司日常运营宣传，提高电网企业透明度
电话、传真、邮件、"走进国家电网"活动、采访等	拓展媒体合作类型，不但要加大与传统媒体，如报纸、杂志、广播、电视、户外广告、电视专题栏目等媒体的合作，还要继续探索与新媒体的合作，提升电网企业品牌形象；拓展媒体合作的层次，在继续加深现有地方媒体合作的同时，拓展与省级媒体、中央媒体、国际媒体的合作，策划相应媒体合作活动，以新闻点为依托，促进与媒体合作的进一步深化

案例　国网资阳供电公司联合媒体传播"红细胞"正能量

案例背景：
国网四川省电力公司资阳供电公司充分挖掘"红细胞"工程的优秀理念，扩大公益项目的内涵，增加与利益相关方的沟通互动，创新沟通形式，不断提升"红细胞"工程的社会影响力，传播志愿服务理念，弘扬志愿服务精神。

沟通对象：
媒体

牵头部门：
办公室

沟通实践
国网资阳供电公司与资阳电视台、资阳日报建立战略合作关系，邀请记者走进电网企业或走访客户。定期举办"红细胞"沟通日，邀请政府、合作伙伴、客户和媒体等利益相关方共同参与，及时披露"红细胞"服务地方经济发展和民生改善的立标实践。开展"红细胞"助力民生实事主题传播，在"掌上川电""掌上资阳"等微信平台，发布"红细胞"积极践行社会责任的信息，加强价值输出和利益相关方感知评价。面向社会发放"红细胞"心连心服务卡，在《西南电力报》开设"辣妈侃服务"专栏，对"红细胞"服务进行评论和引导，并与四川省电力公司内网"专题策划"栏目和《西南电力报》微信同步联动。与资阳电视台合作摄制《辣妈帮帮忙》电视系列片和开设《这城市有爱》栏目，通过"站在电力看社会、站在社会看电力"，在电力科普、"红细胞"形象宣传方面发挥视窗作用。

沟通成效
"红细胞"工程成为了资阳为民服务的典范，得到社会各界的关注和认同。四川电视台对"红细胞"服务队进行跟踪报道，《中国青年报》《四川日报》《国家电网报》《西南电力报》等媒体广泛报道"红细胞"工程情况。

沟通议题 4　坚持透明运营

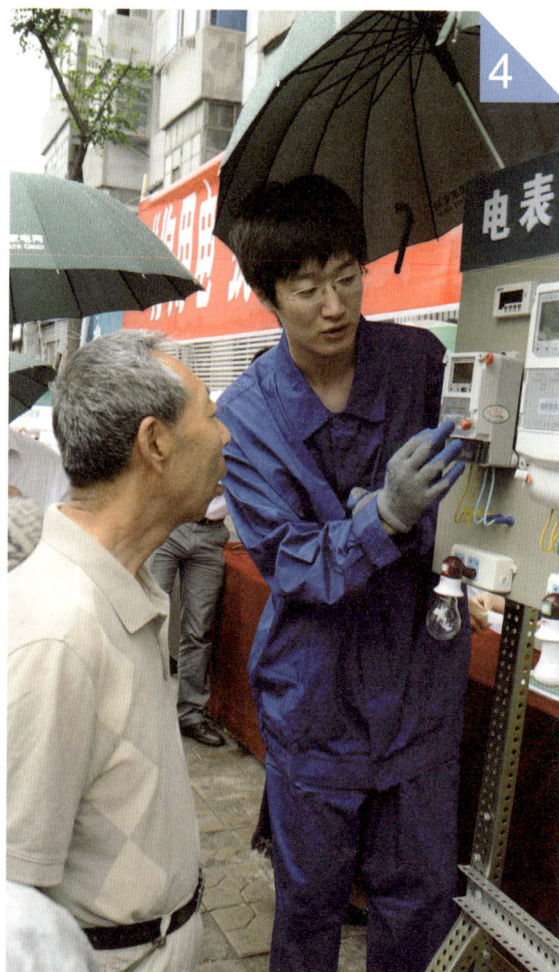

沟通策略

工作阶段	沟通重点	沟通对象
企业运营过程媒体合作	对供电公司运营中需要进行广而告之的内容进行沟通	媒体
完善信息披露机制	披露电网企业相关运营信息	媒体
接受社会监督	收集及反馈社会评议结果	媒体

沟通目标

加强与媒体的对话与沟通，及时了解和回应媒体的要求与建议，与媒体建设和谐的关系，形成发展共识，凝聚发展合力，共同破解发展难题，合作推进可持续发展

媒体期望

电网企业发展规划、供电公司运营、电力政策等各方面都能及时地对媒体、公众透明、开放，满足社会公众对电力相关信息的需求，供电公司日常运营依法合规

预期效果

电网企业坚持透明运营和接受社会监督，通过媒体将其日常行政性和业务工作，尤其是实施重大项目情况，及时与媒体合作进行广而告之，取得政府、广大客户的理解和支持，保障电网企业健康稳定发展。

媒体能够对于电网企业主动进行透明运营的行为给予足够的支持和肯定，并能够积极参与到电力政策的宣传中来，发挥自己的优势反馈社会各界的意见和建议，帮助电网企业成长。

沟通对象

媒体

沟通部门

传媒部、办公室

沟通方式	沟通对策
电话、邮件、座谈会等	在制订重大项目规划时，邀请电力专业媒体参与讨论、宣传；借助媒体进行民意调研，发现项目可能出现的问题。与媒体建立长效合作机制，开辟专栏，报道供电公司日常业务工作；积极联系媒体，借助媒体公布项目阶段性进展；邀请媒体参加供电公司运营相关新闻发布会，公布调查结果，并对项目正面影响进行宣传
电话、座谈会、社会责任报告发布会等	供电公司要完善企业信息披露机制，完善信息披露渠道和方式，向媒体及时披露全面、准确的信息，自觉接受社会监督。健全利益相关方参与机制，完善公司治理结构，改进公司决策程序，广泛听取媒体的意见与建议，加强与利益相关方的交流与合作
热线、调查问卷、座谈会、行风评议等	通过建立行风系统平台，公布电网企业行风建设相关信息；借助媒体宣传，发放调查问卷，调查监督效果；供电公司领导走进"利民热线"直播间，回答社会公众疑问；召开媒体参与的座谈会，用实际事例讲解维权知识，解决工作实际中的棘手问题

案例　　**国网新疆电力公司开展媒体"走进国家电网"活动**

案例背景：

为增进社会各界对电网企业的理解、信任与支持，通过媒体力量讲述国网故事、传递国网声音，宣传国家电网公司"努力超越、追求卓越"的企业精神，国网新疆电力公司决定定期开展媒体"走进国家电网"活动。

沟通对象：

媒体

牵头部门：

外联部

沟通实践

2016年2月24日，国网新疆电力公司启动了2016年度媒体"走进国家电网"活动，邀请人民日报、中央电视台、新华社、新疆日报等8家中央驻疆和自治区主流新闻媒体记者先后走进国网奎屯供电公司、国网博州供电公司。通过深入生产一线站所、营业厅，参观电力员工工作场所，近距离感受国家电网公司在满足用电需求、实施科技创新、提升服务水平等方面所作出的努力。媒体记者一行先后来到国网奎屯供电公司金沟河供电所、顾世峰创新工作室、国网博州供电公司北京路营业厅、八家户供电所和新庄村住村工作组实地参观采访，亲身感受供电员工服务经济社会发展，全力保障电力正常供应的工作场景。媒体记者们表示，今后将进一步加强对国网新疆电

力落实"一带一路"战略，服务电化新疆、洁净新疆、资源转型和电力供给侧改革，服务新疆打造丝绸之路核心区，发挥好电力先行作用、提供优质服务、应对突发事件、履行社会责任等方面的宣传报道，让社会上更多的人了解电力、关心电力、支持电力。

沟通成效

展现和传播了国网新疆电力取得的新经验、新成效，反映国家电网公司践行"四个服务"，积极履行政治责任、社会责任、经济责任和服务地方经济社会发展的突出贡献和辉煌成就。

社区沟通

坚持与社区沟通
共建美丽新家园

社区的认可是电网企业实现有效经营的前提。电网企业与运营所在社区进行充分沟通互动，让社区了解供电公司在促进当地社区发展中所做的努力和贡献，积极参与社区活动，增进与供电公司运营所在社区的关系，切实成为优秀的企业公民，最大限度地赢得当地社区的认同。

沟通目标

通过加强与社区的沟通，增进电网企业与社区的联系和互动，促进社区对电网建设运营和电网企业发展的了解和理解，赢得社区居民的支持，建立形成和谐的社企关系，为电网企业的发展营造良好的社区环境。

电网企业促进
社区发展的行动得到
顺利实施

电网建设运营
得到社区的支持

社区
沟通

电网企业
负责任的形象得
到社区的认同

建立形成与
社区的和谐
共促关系

沟通内容

电网企业应拓展沟通渠道，与社区重点开展四个方面的沟通交流：社区对电网企业在促进社区发展中的期望和要求、电网企业促进社区发展的行动部署和成效、电网企业与社区的相关合作事宜、电网企业与社区的关系建设情况。

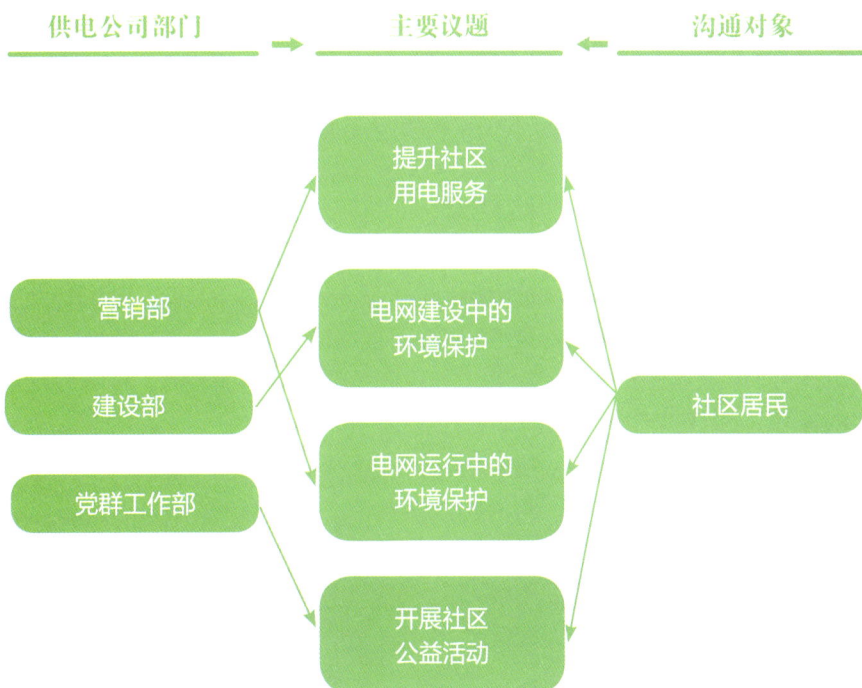

供电公司部门　　→　　主要议题　　←　　沟通对象

营销部

建设部

党群工作部

提升社区
用电服务

电网建设中的
环境保护

电网运行中的
环境保护

开展社区
公益活动

社区居民

沟通议题**1**　提升社区用电服务

沟通策略

工作阶段	沟通重点	沟通对象
了解社区用电诉求	了解社区居民用电需求	社区居民
开展社区便民服务	用电知识宣传、便民服务	社区居民
社区参与电网运营维护	参与的形式与内容	社区居民

沟通目标

充分了解社区对于用电服务改善的诉求和期望，社区居民能够明确地了解用电安全知识和电价政策，并积极参与到社区电网建设和运营维护中，保障社区用电安全

沟通对象

社区

社区期望

电网企业能采取积极的沟通措施，了解社区用电服务诉求，宣传用电常识和电价政策，并努力采取各种措施提升社区用电服务水平

沟通部门

营销部

预期效果

电网企业为社区居民了解和掌握用电知识提供通畅的渠道，能够及时了解社区用电需求，有效开展社区线路检修维护工作，社区用电服务提升效果显著，电网企业融入社区，形成良好的社区关系。

社区切实感受到电网企业为了提升社区用电服务所做的努力，对于电网企业负责任的实践表示充分认可和支持，并与电网企业合作，积极加入到电网运营维护的行动中来，共同保障社区电网安全稳定运行。

沟通方式	沟通对策
社区供电服务观察评议员机制、调查问卷、意见箱、座谈会等	选聘社区供电服务观察评议员，评议员负责向居民发放并回收供电服务观察评议表，定期召开评议员座谈会；主动走进社区，向社区居民发放用电需求调查问卷，及时了解社区用电需求、社区需要的用电服务内容和形式
讲座、发放宣传单、开展宣传活动、公示牌、提示板、意见箱、社区图版、LED屏等	在社区开展用电知识宣传，发放宣传单，利用社区图板、LED屏等进行用电知识宣传；在活动现场就客户关心的产权分界点、阶梯电价知识、安全节约用电常识等进行讲解，解答客户的咨询等；与媒体合作，进行全程跟踪宣传，借助电视、网络、报纸等多种手段，扩大活动的影响范围；在社区设立用电便民服务点，拓展与社区沟通途径，及时解决社区用电难题
意见箱、调查问卷、座谈会、研讨会、电话等	与有条件的社区街道进行充分沟通，积极推行网格化管理，将社区、街道、楼宇住户等纳入到电网企业电网运营维护的网络中来，及时发现电网运营中出现的问题，助力电网企业收缴电费工作的顺利进行，保障社区电网安全稳定运行

案例　　**国网威海供电公司推动老龄群体个性化服务创新**

案例背景：

山东省威海市文登区被誉为"中国最新成长的长寿之地"，区内超过60岁的老年人占总人口的26.6%。老龄化问题已成为社会各界关注的重点，但目前开展的服务老龄人群活动仍然是零散的、随机的，存在缺乏引领、各自为政、沟通不畅等问题。

沟通对象：

社区居民

牵头部门：

营销部

沟通实践

国网威海供电公司有针对性地解决老年人群的用电需求，关怀、服务老年人群，探索出一条多方携手共同应对老龄化的新模式。实施社区客户经理分片负责制，其中较小的用电故障由社区客户经理及时处理；对于大型故障及时通报抢修部门，按照报修流程正常处理；对于小家电维修等需求，由接到请求的社区客户经理联系供电企业内部有余力的员工或修理公司上门处理。与区内的公益组织"爱心联盟""蒲公英"展开合作，并吸纳有爱心、有热情、有意愿的大学生志愿者群体，以及有用电设施相关知识技能的社会电工群体、有家政服务及护理技巧的爱心人士为老年人群开展多样化、针对性的公益服务。定期前往空巢老人较为集中的村镇，开展送电影、送戏曲、送知识"三送"活动，为老人提供"亲情连线"服务，帮助空巢老人与其外出务工子女进行视频连线。同时，以开展"三送"服务为桥梁，39名"五保户"与公益组织结成帮扶对子，形成持续性的老年人群关爱机制。

沟通成效

有效带动了社会各界积极参与老年群体的服务中，形成了多方资源的合力，突出了服务的个性化、扩大了服务的广度和深度，满足了老年人群个性化用电需求，为老年群体的服务提供了新的模式。

沟通议题 2　电网建设中的环境保护

2

沟通策略

工作阶段	沟通重点	沟通对象
施工前期	项目调研，明晰施工附近居民意见、进行环境保护宣传	施工附近社区居民等
施工过程中	保护环境，消除居民疑虑	施工附近社区居民
后期调查	环境保护落实情况，居民的反应等	施工附近社区居民

沟通目标

通过电网企业与社区的良好沟通，使得社区充分了解电网企业在电网建设中环境保护的举措，消除居民对于环境保护的疑虑，取得社区对电网建设的大力支持

社区期望

电网企业在电网建设过程中能够采取充分有效的措施进行环境保护，完善环境保护管理制度，保障社区环境不受到破坏；保证社区的知情权，积极进行环保宣传

预期效果

电网企业听取居民的意见和建议，采取切实措施提升电网建设项目施工单位的环境保护，并转变思维，在电网建设项目的前期、中期、后期积极进行宣传，充分保障社区的知情权，保障电网建设项目顺利进行。

社区群众与电网企业一起行动，共同参与电网建设中的环境保护工作。社区充分了解电网企业在电网建设中的环境保护举措，消除居民对于环境保护的疑虑，充分支持电网企业的电网建设工作。

沟通对象

社区

沟通部门

建设部

沟通方式	沟通对策
座谈会、电话、拜访、调查问卷等	在电网项目的可行性研究阶段，取得建设工程环境评估报告批复意见后，及时采取座谈会、通知、上门拜访等形式，让建设项目周边社区了解到相关信息；通过调查问卷、座谈会等形式，了解施工附近居民的意见和建议，有选择性地改进；针对有争议的环境问题，提前谋划，在相关社区做好宣传工作，保证社区知情权
座谈会、宣传单、参观等	项目进展中，召开座谈会、邀请居民参观建设工地等，展现电网企业在加强环保管理、执行绿色施工导则、保证环保措施落实等方面的努力；在施工现场，向附近居民发放宣传单，介绍电网企业在电网建设中保护环境的举措，宣传权威组织有关电磁场与健康的基本观点
验收调查、调查问卷、拜访等	邀请社区派代表参与建设管理单位、环保验收调查单位组成的验收队伍，检查工程各项环境保护措施、设施的落实情况；组织有资质的环境监测单位按照技术规范要求对变电站和输电线路厂界及周围环境敏感目标的电场强度、磁场强度、噪声等主要环境因子进行监测，并向周围社区进行广泛宣传；向变电站和输电线路周围居民征求项目建设期间环境保护落实情况的意见

案例 国网黄山供电公司引入利益相关方参与保护环境

案例背景：

黄山被誉为"人类生态第一山"，景区集世界文化遗产、世界自然遗产、世界地质公园三项桂冠于一身。安徽省黄山市下辖三区四县，境内遍布文化古迹、古建筑、名贵树木，独特的自然、人文环境要求电网建设必须与文化保护、生态建设达到和谐统一，具有与众不同的特色。

沟通对象：

社区

牵头部门：

建设部

沟通实践

国网黄山供电公司在电网建设过程中，全面加强与利益相关方的沟通交流，动态维护与利益相关方关系，积极争取各方对项目建设的理解与支持，妥善开展与当地政府、设计单位、社区居民、景区主管方等的沟通协作，全面采用徽派建筑形式，因时因地维护利益相关方知情权、监督权、参与权等合法权益，加强社会风险管理，部署相关应急预案，提升电网建设的社会认可度，有效推动各方合作推进"绿色电网"建设。工程竣工后组织有资质的环境监测单位按照技术规范要求对变电站和输电线路厂界及周围环境敏感目标的电场强度、磁场强度、噪声等主要环境因子进行监测，确保"监测达标"管理要求，并向变电站和输电线路周围居民征求项目建设期间环境保护落实情况的意见，保证电网建设与人民生活环境协调发展。

沟通成效

有力保护了古村落自然、生态、人文环境，当地群众满意率显著提升。游客眼前清新、洁净的老街宛然是一幅焕然一新的"活动着的清明上河图"。通过建设"绿色电网"，业务开展过程更多地融入了利益相关方参与环节，各方合作程度显著提升，努力实现各方之间的互惠共赢，得到社会的广泛认可。

沟通议题3　电网运行中的环境保护

沟通策略

工作阶段	沟通重点	沟通对象
积极宣传电网环保运行	宣传电网企业环保举措、解答社区疑惑	社区
电网运行现场答疑解惑	针对重点问题、重点区域进行重点解答	社区
运行检修过程中的环保	检修时为环保运行所做的努力	社区

沟通目标
电网企业了解到社区反映比较大的电网运行中的环境问题，通过一系列的措施改善电网运行的环境影响，并能够让社区充分了解到电网企业的努力，对电网企业的工作表示支持

社区期望
电网企业能够针对电网运行的环境危害等做出合理和耐心的解释，并让社区充分了解电网企业的改进措施，消除社区居民心中的疑虑

预期效果
电网企业充分了解社区居民对于电网环保运行的疑虑，采取的各种措施能够很好地解答社区的疑惑，赢得社区对于电网运行的认可和支持，保证社区电网安全、环保、健康运行。

消除社区居民心中对于电网运行过程中环境保护的疑虑，理解和支持电网企业在保障电网环保运行中的努力，与电网企业建立良好的合作关系。

沟通对象
社区

沟通部门
营销部

沟通方式	沟通对策
电话、走进社区、座谈会等	召开社区居民代表座谈会、发放社区调查问卷等，了解居民关于电网运行过程中环保问题的疑惑，并当场给予详细解答；开展多种形式的走进社区活动，通过树立展板、开展电网运行环保知识讲座等，让社区更多地了解电网环保运行的理念，解开心中的疑惑；电网运行一段时间后，开展社区回访工作，通过上门拜访、问卷调查等形式了解社区对于电网环保运行问题态度是否改变及其他亟待解决的问题
现场测试、讲解、座谈会等	对于社区居民心中反应较大的问题，邀请社区代表到相关区域，电网企业准备专业的仪器进行现场测试，用专业、科学的手段向居民证明电网环保运行；采取座谈会、通知等形式向社区说明电网企业在致力电网环保运行方面的努力和举措
座谈会、邀请参观等	邀请社区居民代表"走进国家电网"、召开座谈会等，亲眼见证电网企业在电网检修时合理解决树线矛盾、运用环保工具和材料、合理处置废水废气废料等方面的举措，并通过社区代表进行口碑传播

案例 国网濮阳供电公司开展电磁辐射科普知识宣传活动

案例背景：
河南省濮阳市部分社区居民担心周围变电站的电磁辐射影响身心健康，国网濮阳供电公司积极与社区沟通，消除居民心中疑虑。
沟通对象：
社区、街道办事处
牵头部门：
发展策划部

沟通实践
国网濮阳供电公司积极与濮阳市宣传部、华龙区政府以及街道办事处沟通，联合开展进社区宣传，运用数字媒体技术在小区广场滚动播出《焦点访谈——高压线有辐射吗？》栏目中的电网环保安全及安全用电常识，印发电磁辐射科普宣传手册、电磁辐射宣传页等资料，并与业主代表座谈，邀请其走进电网，了解电网。活动过程中，现场志愿者耐心解答公众关心的输变电设施电磁环境问题，帮助群众客观认识电力设施对周边环境影响，减少群众对输变电设施电磁辐射的错误认识和恐惧心理。与此同时，国网濮阳供电公司主动通过地方电视台、报纸、广播电台、自媒体等多种媒介平台，发布传播变电站电磁场科普知识，邀请权威专家释疑，引导社会舆论，积极倡导广大群众爱护电力设施，支持电网发展。

沟通成效
消除了社区居民心中对于电网运行过程中环境保护的疑惑，使得社区居民能够理解和支持供电公司在电网环境保护运行中的努力。

沟通议题 **4** 开展社区公益活动

沟通策略

工作阶段	沟通重点	沟通对象
探寻社区真实需求	探寻社区真实需要的项目和受助群体，确定工作方案	社区
积极推进社区公益活动	活动举行、宣传	社区
发动宣传形成合力	对活动效果进行总结、传播	社区

沟通目标
电网企业能够了解社区的真正困难，通过社区公益活动，使社区真正感受到电网企业是一个勇于担当的企业

社区期望
电网企业采取多种形式的调研，充分了解所在社区的困难，勇于承担起央企责任，开展多种形式的社区公益活动，帮助社区居民解决困难。同时能够积极带动其他企业共同投入到社区公益活动中来

预期效果
电网企业开展的社区公益活动能够切实解决社区中存在的实际困难和问题，得到社区居民的支持和认可，社区公益活动顺利进行，形成良好的社企关系。

通过大量的传播，吸引更多的企业、个人等参与到社区公益活动中来，形成合力，共同促进社区良好健康发展。

沟通对象
社区居民

沟通部门
党群工作部

沟通方式	沟通对策
座谈会、上门拜访、电话、邮件、面谈等	通过座谈会、上门拜访等形式了解电网企业所在社区需要解决的问题，并确定受助群体，结合电网企业业务特点和能力，明确社区公益活动的主题和志愿服务对象，制订详细的活动方案；通过社区展板、社区管理机构辅助宣传等，做好活动开展前期的信息传播工作
座谈会、主题活动现场沟通等	电网企业做好人力、物力、财力准备，按照拟订活动方案，强调社区沟通和参与，共同推进开展社区公益活动；活动中注意典型事件挖掘、照片和影像材料的收集；综合利用各种宣传媒体和途径，如摆放海报展板，发放宣传材料和小礼品，播放宣传音频，甚至在客观条件满足的区域播放宣传短片，扩大活动的影响力
座谈会、调查问卷、社区调查采访等	通过社区联系人和社区管理机构，采取座谈会、发放调查问卷等形式，收集社区居民对社区活动的反馈意见；组织专人开展社区调查采访，收集居民意见以及对于未来社区活动开展的建议；同时，积极进行活动成果的梳理和宣传工作，形成更为广泛的影响，号召更多的社会群体参与到社区公益活动中来，形成合力，造福社区

案例　　**国网北京市电力公司跨界合作建设"电力爱心教室"**

案例背景：
国网北京市电力公司改变传统"单打独斗"的公益项目运作模式，与政府、学校、公益机构等各方开展跨界合作，共同打造"电力爱心教室"公益项目，普及安全用电、节约用电知识等，传播国家电网公司品牌，树立公司责任形象。

沟通对象：
教委、学校、公益机构

牵头部门：
外联部

沟通实践
国网北京市电力公司与教委沟通合作，将电力爱心教室课程纳入学校教学计划，实施公益课程品牌化运作，依托教委教育资源优势，共同编制符合青少年特点的电力知识教材、教具、教案，保证教学的质量与统一规范。与学校合作，建设规范化"电力爱心教室"挂牌学校流动课程，邀请名校金牌教师指导"电力课堂"讲师试讲课程；利用学校的班队日、家长开放日、课后三点半，开展"共绘北京蓝"等公益品牌活动。与北京青少年基金会合作，发挥公益组织专业作用，促进电力爱心教室活动资金规范化管理。与社区合作，利用社区街道公共活动场地，在周末和假期时间，通过社区居委会、物业等协调组织社区孩子集中学习安全用电、节约用电知识。

沟通成效
"电力爱心教室"公益项目的建设和发展获得了学生、家长、学校和社区的广泛"点赞"。通过寓教于乐的游戏互动，让学生在玩中学习，掌握电力科普知识，得到家长的普遍好评。讲解安全用电、节约用电知识的社区假期课堂，开展公益品牌活动，填补了社区活动的空白。"电力爱心教室"公益项目影响力和品牌化发展持续提升，获评国资委、团中央主办的"大型国有企业社会责任金牌案例"荣誉称号，助力打造责任央企品牌形象。

沟通
工作推进

强化沟通重在落实
建立"三全"推进模式

● 全员 ● 全方位 ● 全过程

领导重视

促进和实施利益相关方沟通工作的主要突破口和根本在于企业领导。供电公司各级领导要从思想上高度重视实施利益相关方沟通管理工作，要对实施利益相关方沟通管理做出明确支持承诺和表态，明确利益相关方沟通工作对于供电公司可持续发展的重要性，支持供电公司各部门、各岗位、各员工能够积极探索有效的利益相关方沟通方式，改善企业内外部环境

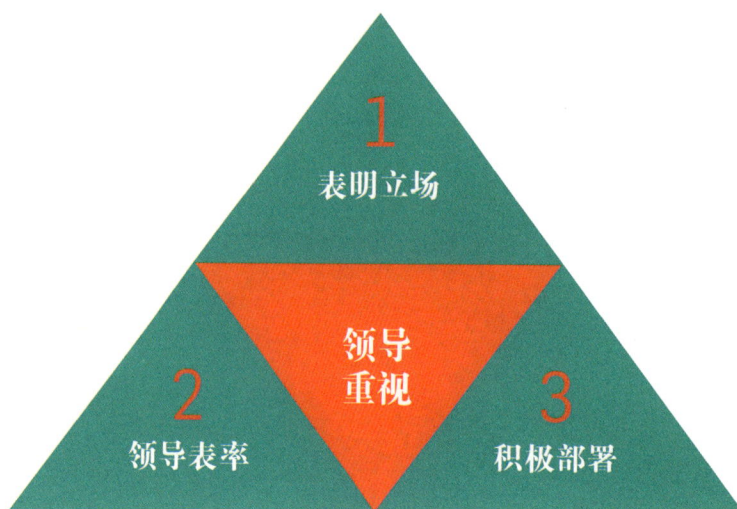

1 表明立场

领导重视

2 领导表率

3 积极部署

领导的表率示范作用是利益相关方沟通工作成败的关键。供电公司主要领导和部门领导都要以身作则，从我做起，主动学习利益相关方沟通的知识和技巧，转变思维方式和工作方式。从供电公司领导层面出发，在涉及与政府、大客户、媒体等利益相关方沟通时，主动将学习到的方法和技巧应用到与利益相关方的沟通过程中

领导积极参与到工作部署中来会对沟通工作起到极大的推动作用。供电公司领导积极推动召开每年1～2次的沟通议题筛选会，将沟通工作与电网规划与选址、电网建设项目管理、突发事件处置等公司运营业务进行紧密结合。供电公司领导要持续关注沟通方案的制定、实施、利益相关方反馈等相关情况，促进沟通工作顺利进行

能力建设

按照全业务、全流程、全岗位覆盖的要求，结合社会责任理念，从利益相关方管理和沟通视角重新审视各项工作，使理念和管理融入各岗位实践之中。制定《基层供电企业利益相关方沟通管理办法》等相关制度，明确利益相关方沟通的主体、流程、步骤、方法等，推进沟通工作更好地进行

建立制度

1

编制培训计划，明确培训的目标定位、总体要求、培训内容、培训方式、考核与评估、经费预算，并详细制定针对不同层级、不同专业、不同职能部门的社会责任培训年度计划。创新培训方式方法，引入体验式培训、情景式培训、案例式培训，进一步强化每位员工的社会责任理念。充分运用好《利益相关方沟通手册》，将其作为培训教材和使用指南，并在培训中与大家共同探讨完善方法和途径

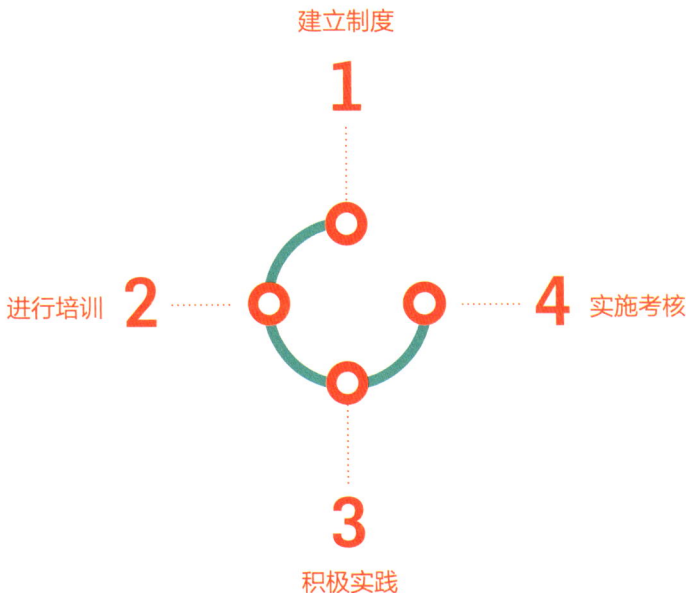

进行培训 **2**

4 实施考核

要总结提炼沟通管理过程中的沟通要求，形成KPI关键考核指标，选择性地融入到供电公司的考核体系中去。供电公司各部门、各单位要按照全员参与、全方位覆盖、全过程融合的要求，结合绩效指标评价和绩效管理标准，加强对员工沟通绩效的激励约束，提升企业整体的对内和对外沟通水平，确保各项目标任务圆满完成

3

积极实践

对各专业的责任沟通要点进行普遍梳理，在此基础上，选择重点领域和方向实现重点突破。选择重点部门进行沟通管理改进试点，对利益相关方沟通和管理的内容进行检验、补充和完善，然后再视情况进行推广。供电公司上下要进行积极实践，包括公司领导要积极与利益相关方进行战略、重大和突发事件沟通，部门要积极进行业务运营方面的沟通，各岗位要进行具体事务的沟通

资源保障

供电公司要配备精兵强将，设立沟通推动专项工作专职或兼职岗位人员，为实施利益相关方沟通工作提供充分的人员保障。各部门要将工作落实到人，负责部门对利益相关方沟通议题梳理、沟通方式探索、沟通过程推动、沟通成效汇总等工作。积极寻求外部专家合作，发挥外脑的作用，为提升与外部利益相关方沟通的效率和效果提供借鉴

人力保障

财力保障

物力保障

供电公司建立推进利益相关方沟通工作的专项预算，确保在沟通工作推进过程中的各项经费保证。预算费用要做到专款专用，真正落实到推进供电公司整体、部门和员工对外沟通的关键沟通环节中去。针对日常沟通、重大沟通和危机沟通的不同性质特点，做好充分的财力保障

供电公司要为推进利益相关方沟通工作做好充足的物力保障。现有的设备要能够充分保障沟通推进过程中的使用，如提供必要的场地、车辆、展板、展架等。沟通过程中，配合新的沟通技术和方式方法需要必要的物资资源时，要在依法合规前提下，灵活应用多种采购方式予以供应，保障沟通工作的顺利进行

宣传发动

调查摸底

供电公司要积极通过多种形式的调研活动，如召开由企业领导、部门领导、员工代表共同参与的座谈会，发放各个层级的调查问卷等，充分了解供电公司在与外部利益相关方沟通过程中存在的问题和目前的解决办法，充分了解各个层级的沟通现状，制订宣传发动计划，保障沟通工作得到公司上下的一致支持。

全方位发动

开展多种形式的宣传活动，在供电公司内部网站上刊登沟通工作相关文章，发放《利益相关方沟通手册》，督促各级领导和员工加大对于沟通工作相关知识的学习。举办多种形式的活动，如利益相关方沟通演讲比赛、沟通技巧和知识问答等等促进沟通工作的开展。通过微信、qq群等多种渠道促进沟通工作的重要性、方法、技巧等广泛传播。

1 **4**

2 **3**

成果宣传

在供电公司内部积极宣传，促进沟通工作与企业业务运营进一步的全方位融合，在企业内部复制成功经验。在国网系统内部积极宣传，通过工作汇报、现场会等形式汇报沟通经验、成果，以求得到上级领导的重视和肯定，促进在国网系统内部影响力的提升。在企业外部积极向外部利益相关方进行成果宣传，展现公司为改善利益相关方沟通所做的努力以及取得的成效，得到社会各界的认可。

树立典型

供电公司要密切关注沟通工作开展的情况，积极挖掘沟通工作开展过程中涌现的典型人物、事件，形成书面的沟通典型人物汇编、沟通案例和沟通技巧汇编、外部利益相关方意见和建议汇编等，在供电公司内部形成向典型学习的氛围。召开先进人物表彰大会，开展优秀沟通案例评选等，通过榜样和典型的力量，促进沟通工作顺利进行。

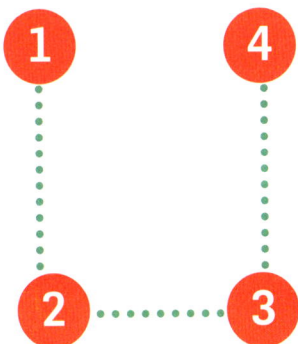

沟通落实机制

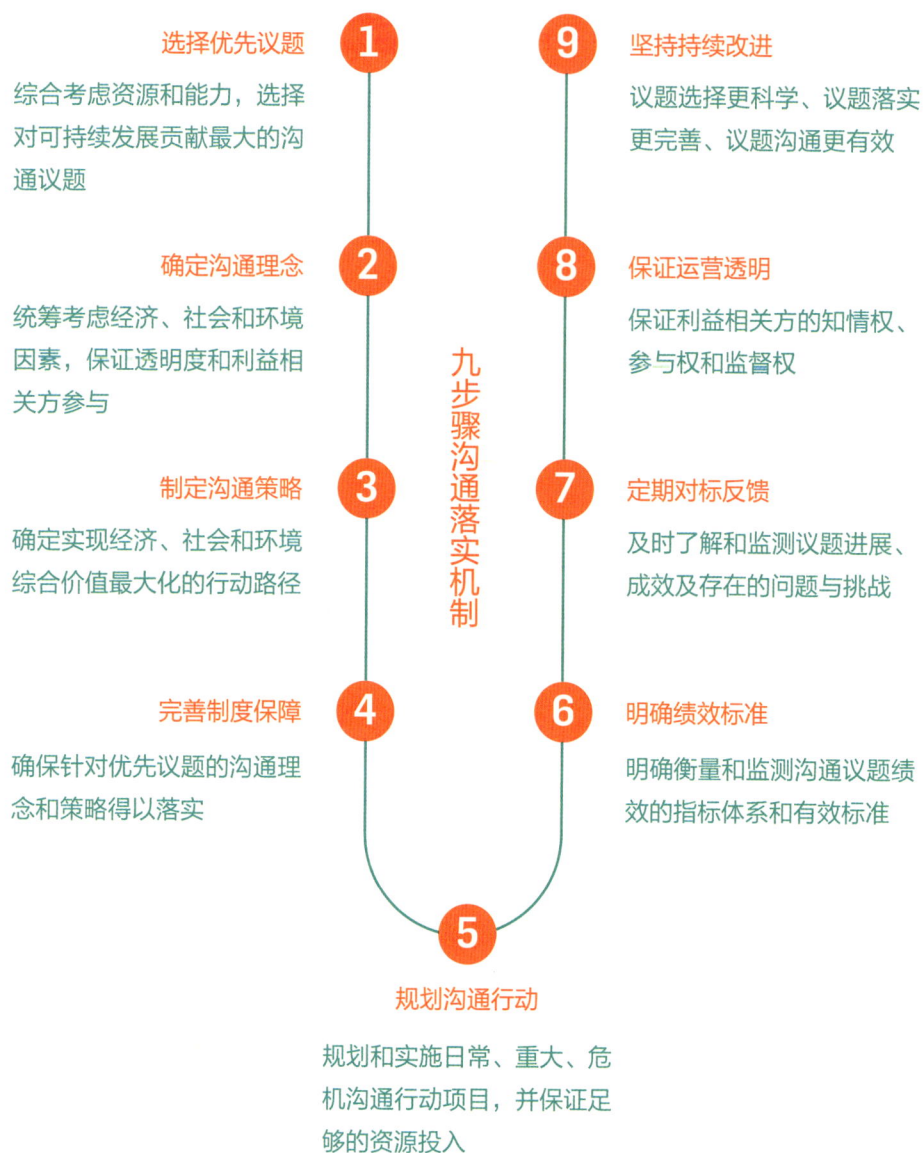

① 选择优先议题

综合考虑资源和能力，选择对可持续发展贡献最大的沟通议题

② 确定沟通理念

统筹考虑经济、社会和环境因素，保证透明度和利益相关方参与

③ 制定沟通策略

确定实现经济、社会和环境综合价值最大化的行动路径

④ 完善制度保障

确保针对优先议题的沟通理念和策略得以落实

⑤ 规划沟通行动

规划和实施日常、重大、危机沟通行动项目，并保证足够的资源投入

⑥ 明确绩效标准

明确衡量和监测沟通议题绩效的指标体系和有效标准

⑦ 定期对标反馈

及时了解和监测议题进展、成效及存在的问题与挑战

⑧ 保证运营透明

保证利益相关方的知情权、参与权和监督权

⑨ 坚持持续改进

议题选择更科学、议题落实更完善、议题沟通更有效

九步骤沟通落实机制

图书在版编目（CIP）数据

利益相关方沟通手册 / 国家电网公司编 . -- 北京：
中国电力出版社，2017.6（2018.7重印）
　ISBN 978-7-5198-0884-6

　Ⅰ.①利… Ⅱ.①国… Ⅲ.①供电- 工业企业管理-
中国- 手册 Ⅳ.① F426.61-62

　中国版本图书馆 CIP 数据核字 (2017) 第 136425 号

出版发行：中国电力出版社
地　　址：北京市东城区北京站西街 19 号（邮政编码 100005）
网　　址：http://www.cepp.sgcc.com.cn
责任编辑：石雪　杨敏群（010-63412531）
责任校对：郝军燕
装帧设计：北京大良造品牌顾问有限责任公司
责任印制：单玲

印　　刷：北京瑞禾彩色印刷有限公司
版　　次：2017 年 6 月第一版
印　　次：2018 年 7 月北京第二次印刷
开　　本：889 毫米 ×1194 毫米　16 开本
印　　张：7 印张
字　　数：208 千字
定　　价：55.00 元
